prima aktiv

A1.1 | Deutsch für Jugendliche
Kursbuch

Sabine Jentges
Friederike Jin
Anjali Kothari

A1.1 | **Deutsch für Jugendliche Kursbuch**

Im Auftrag des Verlages erarbeitet von Sabine Jentges, Friederike Jin und Anjali Kothari
Phonetik: Friederike Jin
Landeskunde: Sabine Jentges

Redaktion: Kathrin Sokolowski
Redaktionelle Mitarbeit: Anne Planz
Redaktionsleitung: Gertrud Deutz

Didaktisch-methodische Beratung: Dr. Robson Carapeto Conceição, Deutsche Schule Rio de Janeiro; Dr. Dorothé Salomo, Herder-Institut, Universität Leipzig; Alev Yazıcı, Ankara

Illustration: Irina Zinner, Hamburg
Umschlaggestaltung und Layoutkonzept: Rosendahl Berlin, Agentur für Markendesign
Technische Redaktion und gestalterische Beratung: graphitecture book & edition
Technische Umsetzung: Straive

Basierend auf prima plus A1.1 von Friederike Jin und Lutz Rohrmann

Weitere Materialien und Informationen zur Lehrwerksreihe finden Sie unter:
www.cornelsen.de sowie
www.cornelsen.de/prima-aktiv

Soweit in diesem Lehrwerk Personen fotografisch abgebildet sind und ihnen von der Redaktion fiktive Namen, Berufe, Dialoge und Ähnliches zugeordnet oder diese Personen in bestimmte Kontexte gesetzt werden, dienen diese Zuordnungen und Darstellungen ausschließlich der Veranschaulichung und dem besseren Verständnis des Inhalts.

1. Auflage, 3. Druck 2024

Alle Drucke dieser Auflage sind inhaltlich unverändert und können im Unterricht nebeneinander verwendet werden.

© 2022 Cornelsen Verlag GmbH, Berlin

Das Werk und seine Teile sind urheberrechtlich geschützt. Jede Nutzung in anderen als den gesetzlich zugelassenen Fällen bedarf der vorherigen schriftlichen Einwilligung des Verlages. Hinweis zu §§ 60 a, 60 b UrhG: Weder das Werk noch seine Teile dürfen ohne eine solche Einwilligung an Schulen oder in Unterrichts- und Lehrmedien (§ 60 b Abs. 3 UrhG) vervielfältigt, insbesondere kopiert oder eingescannt, verbreitet oder in ein Netzwerk eingestellt oder sonst öffentlich zugänglich gemacht oder wiedergegeben werden. Dies gilt auch für Intranets von Schulen und anderen Bildungseinrichtungen.

Schválilo MŠMT č. j.: MSMT-17936/2023-3 dne 21. 11. 2023 k zařazení do seznamu učebnic pro základní vzdělávání jako součást ucelené řady učebnic pro vzdělávací obor Cizí jazyk s dobou platnosti šest let.

Druck und Bindung: Livonia Print, Riga

ISBN 978-3-06-122590-2 (Kursbuch)
ISBN 978-3-06-122611-4 (E-Book)

PEFC zertifiziert
Dieses Produkt stammt aus nachhaltig bewirtschafteten Wäldern und kontrollierten Quellen.
www.pefc.de
PEFC/12-31-006

Das Wichtigste auf einen Blick

prima aktiv A1.1 ist der erste Band einer Lehrwerksreihe für Jugendliche, die in sieben Bänden von den Niveaustufen A1 bis B2 des Gemeinsamen Europäischen Referenzrahmens führt und auf die Abschlussprüfungen der jeweiligen Niveaustufe in Deutsch vorbereitet.

prima aktiv – Der Name ist Programm

Abwechslungsreiche Themen greifen die Lebenswelten und Interessen junger Lernender auf, motivierende Lern- und Aufgabenformate bieten zahlreiche Anlässe zur Interaktion und Kommunikation in der Klasse.

Lernen mit dem Kursbuch A1.1

Das Kursbuch enthält sieben Einheiten, die Sonderseiten Deutsch?!, Fakten & Kurioses, Kleine Pause und Große Pause sowie eine alphabetische Wortliste.

Jede Einheit besteht aus zehn Seiten und ist nach dem gleichen Prinzip aufgebaut. **Zwei fotoreiche Auftaktseiten** führen in die Themen ein und präsentieren die Lernziele. Auf **sechs Folgeseiten** vermitteln lebendige Dialoge und abwechslungsreiche Texte wichtige sprachliche Strukturen. Die Kästen „Denk nach!" helfen, Strukturen selbst zu erkennen und grammatisches Regelwissen aufzubauen. Die Fertigkeiten Hören, Lesen, Sprechen und Schreiben werden systematisch entwickelt. Jede Doppelseite bildet eine Unterrichtssequenz und endet mit der Zielaufgabe, in der der neue Lernstoff aktiv Anwendung findet. Eine **Vlog-Seite** begleitet die Videosequenzen mit Emma, die zusammen mit ihren Freundinnen und Freunden einen Einblick in ihr Leben und ihre Stadt Berlin schenkt. Die letzte Seite **Das kann ich jetzt** fasst das Gelernte kompakt zusammen.

Die Landeskunde-Seiten Fakten & Kurioses nehmen Sprachen und Kulturen in Deutschland, Österreich, der Schweiz und Liechtenstein in den Blick. Ausgewählte Impulse wecken Neugier und werden mit der eigenen Lebenswelt in Bezug gesetzt und reflektiert.

Die Kleine Pause und die Große Pause ermöglichen eine spielerische und kommunikative Wiederholung des Lernstoffs.

Zahlreiche Begleitmaterialien in der Cornelsen PagePlayer-App

Das Kursbuch ergänzen Hörtexte, Lieder, Videos, Lesetexte, Aufgaben zum kooperativen Lernen, Prüfungstipps und interaktive Übungen. Kleine Symbole im Kursbuch verweisen auf das ergänzende Lernangebot zum geeigneten Zeitpunkt. Die Materialien sind über die kostenlose Cornelsen PagePlayer-App direkt aus dem Kursbuch abspielbar. Alternativ können sie aus dem Webcode geladen werden. Hier stehen außerdem Kopiervorlagen für einen ergänzenden CLIL-Unterricht zur Verfügung.

In Kooperation mit DUDEN liegt jedem Band ein Lesezeichen mit grammatischen Themen bei.

Viel Spaß und Erfolg beim Deutschlernen mit prima aktiv wünscht das Cornelsen-Team!

Inhalt

Deutsch!? Seite 6

1 Herzlich willkommen! Seite 8

Das lernt ihr: Begrüßen und Verabschieden • Euren Namen und Wohnort sagen • Duzen und Siezen • Alphabet • Ein Formular ausfüllen • Sagen, was ihr mögt • Sprachmittlung

Grammatik: Personalpronomen *ich, du, Sie* • Verben *heißen, sein, mögen, wohnen, kommen, machen* • W-Fragen *Wie? Wo? Woher?*

Phonetik: Satzmelodie

Lied: Hallo! Wer bist du? • Abc

Landeskunde: Begrüßung und Abschied in Deutschland, Österreich und der Schweiz

Lerntipp: Nomen groß schreiben

Video: Mein Vlog

2 Magst du Mathe? Seite 18

Das lernt ihr: Über Schulfächer und Schulsachen sprechen • Sagen, welche Fächer ihr mögt / nicht mögt • Freunde vorstellen • Zahlen und Telefonnummern • Einen Videoblog erstellen • Internationalismen erkennen

Grammatik: Personalpronomen *er, es, sie, wir, ihr, sie* • Artikel *der, das, die* • *ein, eine* • *mein, meine* • *dein, deine* • Verben *kommen, heißen, sein, machen*

Phonetik: Satzakzent • Wortakzent

Lied: Die Zahlen von 1–20

Landeskunde: Schulfächer

Projekt: Zahlen in eurem Land

Lerntipp: Nomen mit Lernkarten lernen

Video: Mein Freund Max

3 Habt ihr Haustiere? Seite 28

Das lernt ihr: Über Tiere sprechen • Tiere beschreiben • Die Kontinente • Ein Interview führen • Die Farben • Ähnlichkeiten in Sprachen erkennen

Grammatik: Ja/Nein-Fragen und Antworten • Konjugation *haben* • Akkusativ • Plural • Artikel und Personalpronomen

Phonetik: Lange und kurze Vokale

Landeskunde: Beliebte Haustiere in Deutschland

Projekt: Eine Präsentation erstellen

Lerntipp: Sprachen vergleichen

Video: Lieblingstiere

🔴 **Fakten & Kurioses** Seite 38

Deutschland, Österreich und die Schweiz
Orte und Tiere • Gleich und doch anders?

Kleine Pause Seite 42

Spiele: Tiere, Mimik, Zahlen
Spiel: Drei gewinnt!

4 Wie viel Uhr ist es? Seite 44

Das lernt ihr: Nach der Uhrzeit fragen • Wochentage, Tageszeiten und Uhrzeiten nennen • Eine E-Mail schreiben • Über euren Schulalltag berichten • Sagen, wann ihr etwas gerne macht

Grammatik: Sätze und Fragen mit Zeitangaben • Präpositionen für Zeitangaben *um, von … bis, am, gegen*

Phonetik: Lange und kurze Vokale • Vokale *i* und *ü*

Landeskunde: Schulalltag in Deutschland

Lied: Meine Woche

Lerntipp: Wörter nach Themen sortieren

Video: Der perfekte Tag

5 Was machst du gern? Seite 54

Das lernt ihr: Über eure Aktivitäten und Hobbys sprechen • Mit Freunden verabreden • Sagen, was ihr gut könnt / nicht könnt • Eine Grafik lesen • Um Erlaubnis fragen • Einen Brief schreiben • Sprachstrukturen vergleichen

Grammatik: Verben mit Vokalwechsel • Modalverb *können* • Trennbare Verben

Phonetik: Vokale *a*, *ä*, *e*, *i* • Betonung neuer Informationen

Landeskunde: Freizeit von Jugendlichen in Deutschland

Lerntipp: Neue Wörter mit Assoziationen lernen

Video: Was sind deine Hobbys?

6 Ist das deine Familie? Seite 64

Das lernt ihr: Über Familie sprechen • Fotos beschreiben • Über Traumberufe und über Berufe der Eltern sprechen • Feminine und maskuline Formen • Stimmungen in der Sprache erkennen

Grammatik: Possessivartikel (Nominativ) • Possessives *s* und Apostroph

Phonetik: Endungen *-e* und *-er*

Landeskunde: Traumberufe von Jugendlichen in Deutschland

Lied: Ich und meine – du und deine

Lerntipp: Possessivartikel mit Personalpronomen und Nomen lernen

Video: Wer ist wer?

7 Was kostet das? Seite 74

Das lernt ihr: Etwas auswählen und kaufen • Nach dem Preis fragen • Wünsche äußern • Über Preise sprechen • Preise vergleichen • Über Taschengeld sprechen • Sprachmittlung

Grammatik: Unregelmäßige Verbformen *möchte-*, *nehmen*, *geben* • Wortstellung im Satz (Satzklammer)

Phonetik: Diphtonge *ei*, *au*, *eu*, *äu* • Vokal *ö* lang und kurz

Landeskunde: Jugendliche und Taschengeld

Lerntipp: Lesestrategien anwenden

Video: Der 15 Euro-Test

🍎 Fakten & Kurioses Seite 84

Schulen in Deutschland, Österreich, der Schweiz und Liechtenstein

Große Pause Seite 88

Gedicht: Elfchen
Spiel: Glücksrad

Anhang

Alphabetische Wortliste Seite 90
Quellenverzeichnis Seite 95

Deutsch!?

A

Schülerinnen und Schüler lernen Deutsch

B

Hocharabisch · 274 Mio.
Türkisch · 86 Mio.   Koreanisch · 79 Mio.
Deutsch · 132 Mio.
Mandarin · 1.117 Mio.
Italienisch · 68 Mio.
Portugiesisch · 254 Mio.
Spanisch · 538 Mio.

Platz 12: Deutsch

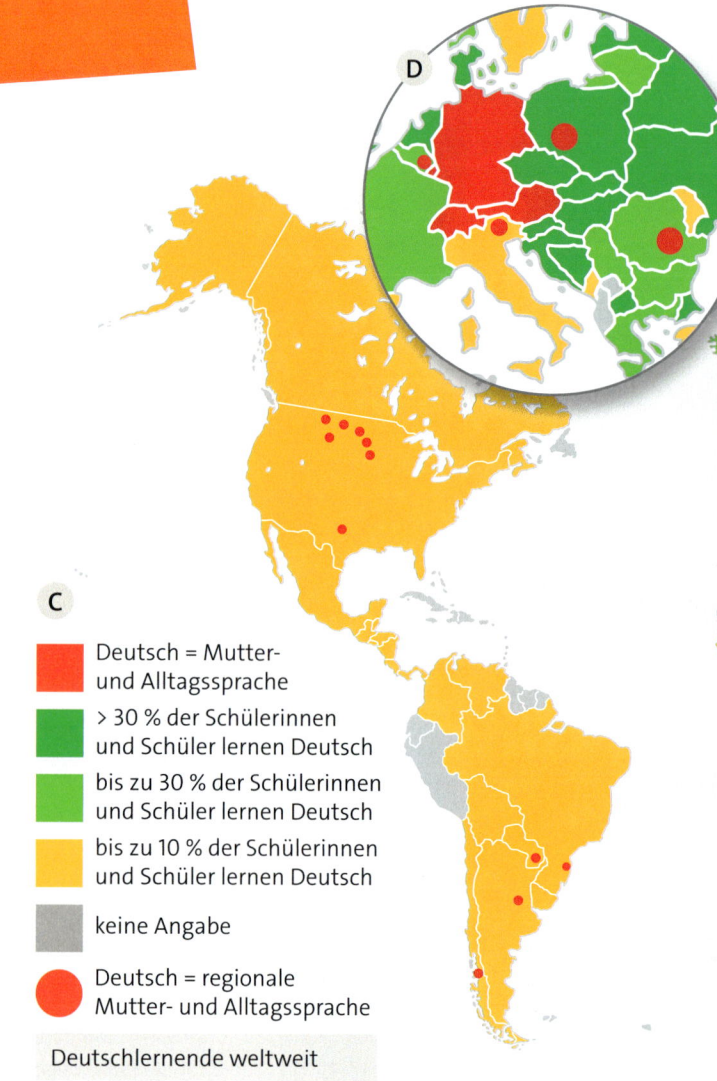

C

■ Deutsch = Mutter- und Alltagssprache
■ > 30 % der Schülerinnen und Schüler lernen Deutsch
■ bis zu 30 % der Schülerinnen und Schüler lernen Deutsch
■ bis zu 10 % der Schülerinnen und Schüler lernen Deutsch
■ keine Angabe
● Deutsch = regionale Mutter- und Alltagssprache

Deutschlernende weltweit

1 über 130 Millionen sprechen Deutsch als 1. oder 2. Sprache +++
2 über 14 Millionen Schülerinnen und Schüler weltweit lernen Deutsch +++

1 Die Sprache Deutsch

a Schaut euch die Bilder an. Welches Bild passt zu welcher Information?

Info	1	2	3	4	5
Bild	C				

b Sammelt Wörter, die ihr aus anderen Sprachen kennt.

80 Millionen

c Warum lernt ihr Deutsch? Sammelt und besprecht eure Gründe in eurer Sprache.

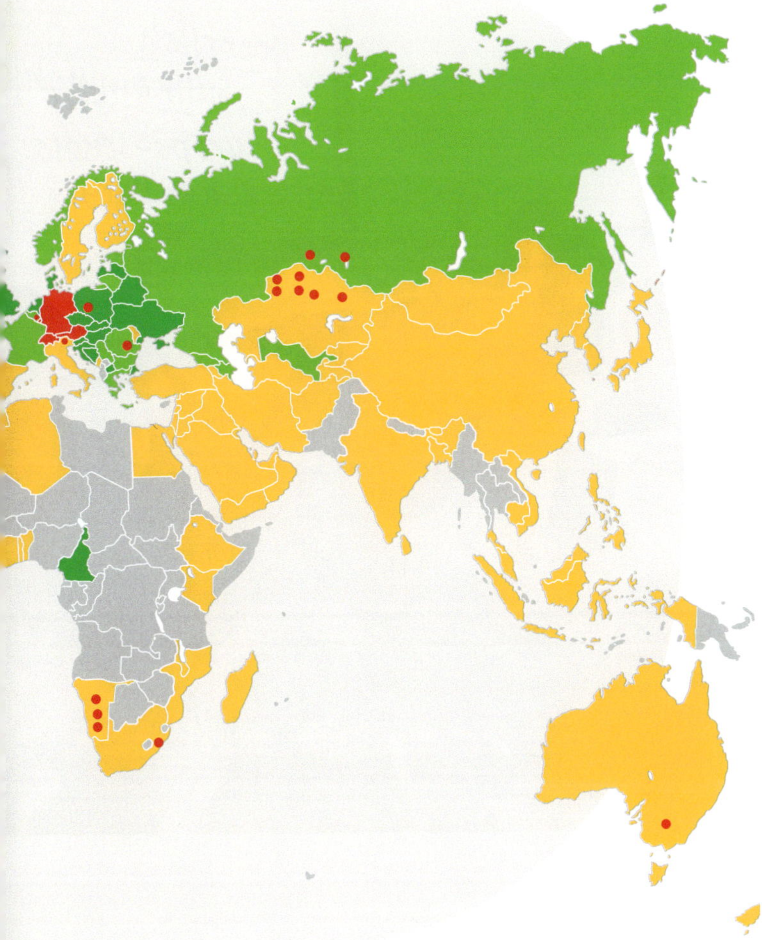

Herkunftsländer ausländischer Studierender an Hochschulen in Deutschland

3 Deutsch ist die meistgesprochene Sprache in Europa +++ 4 Sprachen der Welt: Deutsch auf Platz 12 +++ 5 Deutschland als Gastland für ausländische Studierende

2 Deutsch und andere Sprachen

a Wie heißt *Deutsch* in euren Sprachen?

Deutsch = Немецкий

b Wie heißen eure Sprachen auf Deutsch?

Русский = Russisch

c Willkommen! Ergänzt weitere Sprachen.

Die Angaben in den Abbildungen erheben keinen Anspruch auf Vollständigkeit und unterliegen Veränderungen.

1 Herzlich willkommen!

Gastschüler in der Klasse am 1. Tag

1 Hallo und herzlich willkommen!

a Seht die Fotos A, B und C an. Welche Wörter erkennt ihr? Beschreibt die Situationen.

2 🔊 **b** Hört zu. Welches Bild passt zu welchen Sprechblasen? Tragt ein, A, B oder C.

> Hallo und guten Tag! Ich bin José. Herzlich willkommen!

> Hallo! Ich bin Miquel.

> Herzlich willkommen!

> Guten Morgen!

> Hallo! Ich bin Malika. Und du?

> Hi! Ich heiße Marie.

c Klassenspaziergang: Begrüßt euch in der Klasse.

Guten Morgen!   Ich bin ... Und du?
Guten Tag!   Ich heiße ...
Hallo!/Hi!   Herzlich willkommen!

8 acht

Schülerinnen im Tandem

Josés Deutsch-Vlog

2 Das bin ich

a Hört zu und lest mit.

> Ich heiße Miquel.
> Ich komme aus Spanien, aus Madrid.

> Ich bin Malika.
> Ich komme aus Ägypten und wohne in Kairo.

> Ich heiße José.
> Ich komme aus Mexiko.
> Ich wohne in Mexiko-Stadt.

b Ergänzt die Informationen für Miquel, Malika und José und dann für euch selbst.

der Name	Miquel		José	...
das Land				
die Stadt		Kairo		

c Stellt euch vor. Notiert die Angaben für eure Partnerin / euren Partner auf einem Tischkärtchen.

Ich heiße ...   *Ich komme aus ...*   *Ich wohne in ...*

3 Hallo! Wer bist du?

a Hört das Lied. Singt mit.

Hallo! Wer bist du?
Hallo, hallo!
Hi! Ich bin Sam.
Wer bist du?

Ich wohne in Köln.
Wo wohnst du?
Ich komme aus Deutschland.
Woher kommst du?

b Schreibt eure eigene Strophe. Singt oder sprecht sie euch gegenseitig vor.

Das lerne ich: Begrüßung und Abschiedsgruß • sagen, wie ich heiße, wo ich wohne, woher ich komme und andere danach fragen • Satzmelodie beachten • Buchstabieren • sagen, was ich mag • Sprachmittlung • ein Formular ausfüllen

neun

1 Herzlich willkommen!

4 Schüleraustausch: Schülerinnen und Schüler, Lehrerinnen und Lehrer aus Deutschland, Österreich und der Schweiz treffen sich

5 🔊 **a** Hört zu. Verbindet die passenden Textteile.

Hoi! •	Ich bin Henri, Henri Gruber. Ich wohne in Linz. Ich komme aus Österreich.	• Adieu!!
Guten Tag! Moin moin! •	Ich heiße Gabriel Huber und ich komme aus der Schweiz. Ich wohne in Luzern.	• Tschüs!
Grüß Gott! •	Ich bin Frau Keller, Ariane Keller. Ich komme aus der Schweiz und ich wohne in Basel.	• Ade!
Servus! •	Ich bin Elin Jensen aus Deutschland. Ich wohne in Kiel.	• Servus!
Grüezi und guten Tag! •	Ich bin Herr Mair. Ich komme aus Deutschland und wohne in München.	• Auf Wiedersehen!

b Woher kommen die Personen? Zeigt die Städte auf der Karte.

6 🔊 **c** Hört die Begrüßungen und Abschiedsgrüße noch einmal. Sprecht mit.

d Begrüßt und verabschiedet euch mit verschiedenen Emotionen. Würfelt reihum.

 leise   laut   fröhlich   traurig   eilig   müde

5 Wie heißen Sie? Wie heißt du?

a Hört zu und lest mit. Woher kommen Paul und Karoline? Zeigt die Städte auf der Karte.

● Guten Tag, ich heiße Paul. Wie heißen Sie?
■ Guten Tag. Ich bin Frau Keller.
● Woher kommen Sie?
■ Ich komme aus der Schweiz.
● Ich komme aus Deutschland. Ich wohne in München. Wo wohnen Sie?
■ Ich wohne in Basel.

▲ Hey, ich bin Karoline. Wer bist du?
★ Hallo, ich heiße Henri Gruber. Ich komme aus Österreich. Woher kommst du?
▲ Ich komme aus Deutschland und wohne in Leipzig. Wo wohnst du?
★ Ich wohne in Linz.

b Hört zu und sprecht nach.

Wer …? • Wer sind Sie?
Wie …? • Wie heißen Sie?
Woher …? • Woher kommen Sie?
Wo …? • Wo wohnen Sie?

Wer …? • Wer bist du?
Wie …? • Wie heißt du?
Woher …? • Woher kommst du?
Wo …? • Wo wohnst du?

Tipp
Formell: Herr/Frau Mair
→ Sie
Informell: Emma, Henri
→ du

c Ergänzt die Verbendungen.

Denk nach!

	heißen	wohnen	kommen	sein
ich	heiß**e**	wohn___	komm___	b___
du	heiß**t**	wohn**st**	komm___	bi___
Sie	heiß**en**	wohn___	komm___	sind

6 Personen aus Deutschland, aus Österreich und aus der Schweiz

a Erfindet Personen: Notiert Begrüßungen, Namen, Städte und Länder.

Aylin • Wien • Guten Tag! • Deutschland • Frau Schneider • aus der Schweiz • Finn • Grüezi! • Zürich • …

b Spielt Speed-Dating: Stellt euch als eure erfundenen Personen mit Begrüßung und Verabschiedung vor. Fragt und antwortet euch gegenseitig. Rutscht dann zur nächsten Person weiter. Beachtet *du* und *Sie*.

1 Herzlich willkommen!

7 Deutschland, Österreich und die Schweiz im Alphabet

a Hört zu und sprecht mit.

A B C D E F G
H I J K L M N
O P Q R S T
U V W X Y Z

A wie Anna aus B wie Basel
C wie Celia aus D wie Dortmund
E wie Elif und F wie Felix aus G wie Graz
…
H wie Hamza aus I wie Innsbruck
J wie Jule aus K wie Kiel
L wie Ludwig aus M wie München
N wie Nora und O wie Ole aus P wie Potsdam
…
Q wie Quentin und R wie Robert aus S wie Salzburg
T wie Tim aus U wie Ulm und V wie Volker
aus W wie Wien und X wie Xavier und Y wie Yara aus
Z wie Zürich! Perfekt!

Das Ä und Ö und Ü
kommen noch hinzu.
Dann noch ß
und schon ist das
Alphabet komplett.
Perfekt!

A B C D E F G
H I J K L M N
O P Q R S T
U V W X Y Z

…
Und dann noch Ä Ö Ü und ß
Ä wie Ännchen aus Ö wie Österreich und Ü wie Ümut
aus Gießen mit ß.
Und schon ist das Alphabet komplett! Perfekt!

b Wählt drei Städte aus und sucht sie auf der Karte auf Seite 10. Wie schreibt man die Städte in den Sprachen, die ihr kennt? Wie spricht man sie?

1. München = Munich, …
2. …
3. …

c Wie schreibt man das? Hört das Gespräch. Schreibt Namen und Länder mit.

Wie schreibt man das? — E-M-I-L-I-A — EMILIA

d Jede/-r wählt eine Stadt auf der Karte auf Seite 10 und buchstabiert sie. Die anderen raten sie. Wer rät am schnellsten?

e Bildet eine Namensschlange. Welcher Anfangsbuchstabe ist der häufigste?

8 Die Anmeldung

a Frau Bauer möchte das Formular für Frau Schmidt ausfüllen. Dazu hat sie Fragen an Frau Schmidt. Hört das Telefonat. Ergänzt das Formular.

Anmeldung zum Schüleraustausch	
Schule school – école	Sophie-Scholl-Schule
Nachname surname – nom de famille	Schmidt
Vorname first name – prénom	Renate
Straße street – rue	Schulstraße 2
Stadt city – ville	
Land country – pays	
Mail e-mail – email	Sophiescholl.gs@example.de

Wie ist die Adresse? Wie bitte?

Frau Bauer

Frau Schmidt

b Hört das Telefonat noch einmal. Fasst alle Informationen über Frau Schmidt in eurer Sprache zusammen.

9 Wiedersehen beim Schüleraustausch: Hallo, wie geht's?

a Hört zu und lest mit.

- ● Hi, wie geht's?
- ■ Super, und dir?
- ● Auch gut.

- ▲ Wie geht es Ihnen?
- ★ Gut, und dir?
- ▲ Auch gut. Danke.

- ★ Wie geht es Ihnen?
- ♦ Gut, und Ihnen?
- ★ Sehr gut. Danke.

b Hört noch einmal und sprecht nach.

c Klassenspaziergang: Spielt Dialoge. Variiert formell und informell, sprecht emotional.

- ● Hallo, wie geht's?
  - 😃 Super, und dir?
  - 🙂 Gut, und dir?
  - 😐 Es geht so. Und dir?
  - ☹ Schlecht. Und dir?

- ● Guten Tag, wie geht es Ihnen?
  - 😃 Sehr gut, und Ihnen?
  - 🙂 Gut, und Ihnen?
  - 😐 Es geht so. Und Ihnen?
  - ☹ Nicht so gut. Und Ihnen?

1 Herzlich willkommen!

10 Musik oder Sport? Pop oder Rock?

a Lest die Wörter. Welche kennt ihr? Ordnet die Wörter den Fotos zu.

1. Pop
2. Klassik
3. Rock
4. HipHop
5. Fußball
6. Surfen
7. Basketball
8. Skaten
9. Yoga

b Hört zu. Wer mag was? Was mag Jule, was mag Tim?

Jule: Musik oder Sport?
Tim: Ich mag Musik.
Jule: Pop oder Rock? Hip Hop oder Klassik?
Tim: Ich mag Rock und Hip Hop. Klassik … es geht so. Pop mag ich nicht. Und du, Fußball oder Basketball?
Jule: Ich mag Fußball. Basketball mag ich nicht. Surfen mag ich sehr.
Tim: Oh ja. Surfen mag ich auch.

c Fragt euch gegenseitig. Ergänzt weitere Themen.

Hip Hop oder Pop?   Radfahren oder Skaten?   Berlin oder Wien?   Tschüs oder Bye Bye?

11 Chat mit der Austauschklasse

a Lest den Chat. Wer schreibt?

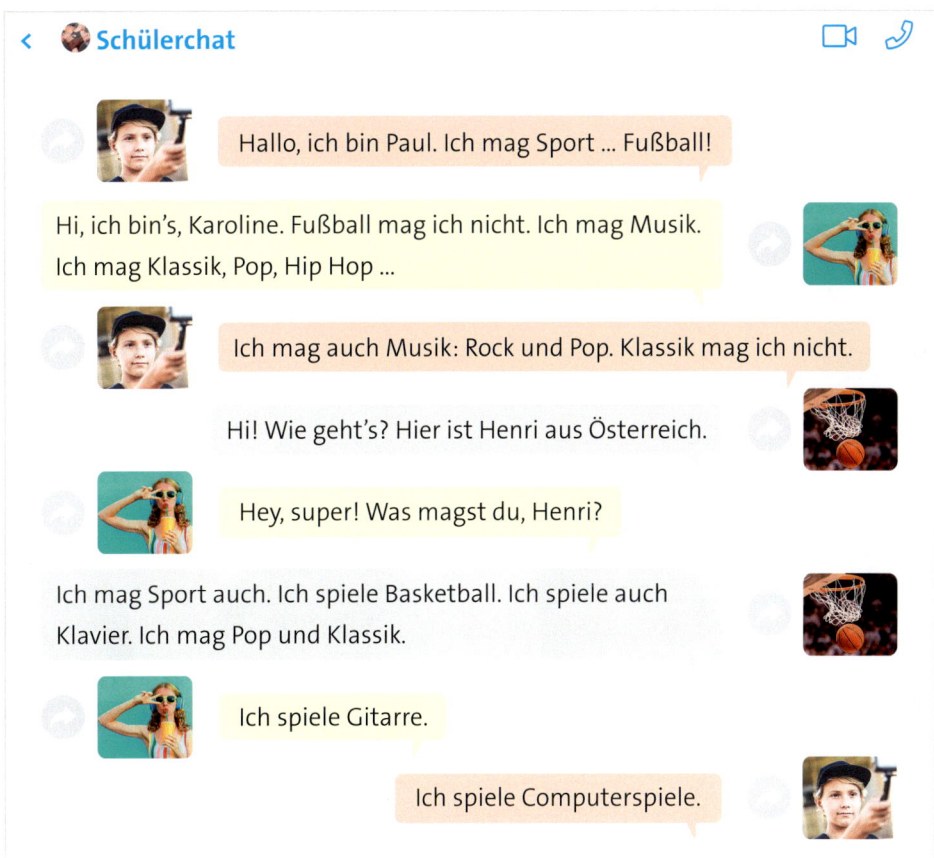

Schülerchat

- Hallo, ich bin Paul. Ich mag Sport ... Fußball!
- Hi, ich bin's, Karoline. Fußball mag ich nicht. Ich mag Musik. Ich mag Klassik, Pop, Hip Hop ...
- Ich mag auch Musik: Rock und Pop. Klassik mag ich nicht.
- Hi! Wie geht's? Hier ist Henri aus Österreich.
- Hey, super! Was magst du, Henri?
- Ich mag Sport auch. Ich spiele Basketball. Ich spiele auch Klavier. Ich mag Pop und Klassik.
- Ich spiele Gitarre.
- Ich spiele Computerspiele.

b Lest die Nachrichten. Wer schreibt was?

	Paul	Karoline	Henri
Ich mag Sport.	X	☐	☐
Ich mag Klassik.	☐	☐	☐
Ich mag Hip Hop.	☐	☐	☐
Ich spiele Fußball.	☐	☐	☐
Ich spiele Klavier.	☐	☐	☐

c Schreibt kurze Chat-Texte. Berichtet, was ihr mögt und was ihr nicht mögt.

- Hey, wie geht's?
- Sehr gut.
- Was magst du?
- ...

Tipp

Nomen (*Musik*, *Klavier*) und Namen (*Paul*, *Karoline*) schreibt man groß.

fünfzehn 15

1 Herzlich willkommen!

12 Mein Vlog

a Seht den Vlog bis 00:49. Ergänzt den Steckbrief.

Name:

Stadt:

Land:

Ich mag:

b Seht den Vlog noch einmal, jetzt bis 01:32. Wer mag was? Ordnet zu.

 Finja

 Emil

Maya

 Lia

Hula Hoop   Musik   Rad fahren   Trampolin

c Seht den gesamten Vlog: Wer ist wo? Ordnet die Namen den Fotos zu.

1 Maya   2 Luana   3 Lia & Finja

Park am Gleisdreieck

East Side Gallery
(Berliner Mauer)

Brandenburger Tor

d Recherchiert zu den drei Orten in Berlin aus c. Welche Infos passen zu welchem Ort?
Open Air Gallery • 1789 • Triumph- und Stadttor • 1961–1989 • seit 2011 • Park

e Recherchiert weitere Orte in Berlin. Bringt Fotos mit und gestaltet eine Ausstellung.

1

Das kann ich jetzt

Begrüßung und Abschiedsgruß
Guten Morgen! Guten Tag! Hallo!
Auf Wiedersehen! Tschüs!

Hallo, wie geht es dir?
Sehr gut. / Na ja, es geht. / Schlecht.

Guten Tag, Herr Keller! Wie geht es Ihnen?
Danke, gut. Und wie geht es dir?
Super, danke.

Namen und Wohnort sagen und buchstabieren
- Wie heißt du? / Wie heißen Sie?
- Wo wohnst du? / Wo wohnen Sie?
- Woher kommst du? / Woher kommen Sie?
- Schmidt? Wie bitte? Wie schreibt man das?

- Ich heiße Emma / Frau Schmidt.
- Ich wohne in Linz.
- Ich komme aus Österreich.
- S-C-H-M-...

Sagen, was ich mag
- Was magst du?
- Ich mag Basketball auch. Yoga mag ich nicht.

- Ich mag Basketball und Yoga.

Außerdem kann ich …
- ein Formular ausfüllen
- Internationalismen nutzen

Grammatik kurz und bündig

Personalpronomen und Verben

	kommen	wohnen	heißen	mögen	sein
ich	komme	wohne	heiße	mag	bin
du	kommst	wohnst	heißt	magst	bist
Sie	kommen	wohnen	heißen	mögen	sind

W-Fragen und Antworten
    Position 2: Verb

Wie	heißt	du?
Ich	heiße	Anne.
Wo	wohnst	du?
Ich	wohne	in Köln.
Woher	kommst	du?
Ich	komme	aus Deutschland.
Wie	heißen	Sie?
Ich	heiße	Leo Lehmann.

Hallo! Ich bin Jule.
Hi! Ich bin Tim.

siebzehn **17**

2 Magst du Mathe?

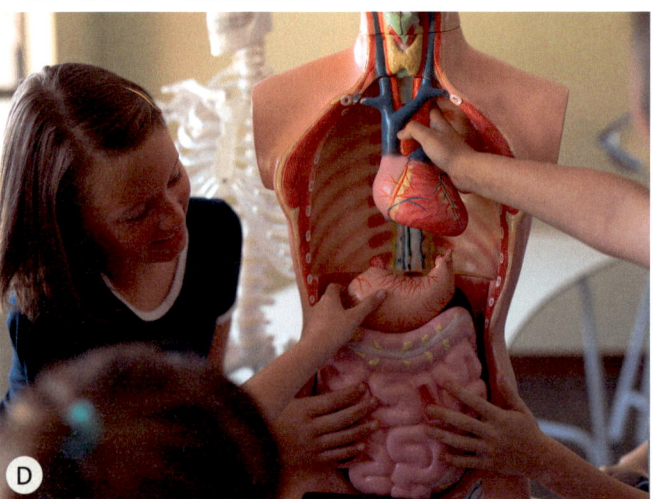

1 Schulfächer

a Hört zu. Ordnet dann die Fotos den Schulfächern zu.

Musik   Mathematik   Englisch   Sport   Biologie   Deutsch   Geografie   Kunst

b Hört noch einmal und sprecht die Schulfächer nach.

c Wie heißen die Fächer in anderen Sprachen? Vergleicht.

2 Magst du Bio?

a Hört den Dialog. Wer ist neu in Kiel?

● Hallo, ich bin Emilia.
■ Hallo, Emilia. Ich bin Leon.
● Hallo, Leon. Ich bin neu hier.
■ Woher kommst du?
● Ich komme aus München.
  Aber jetzt wohne ich in Kiel.
  Was haben wir jetzt?
■ Bio. Magst du Bio?
● Ja, sehr. Und du? Magst du Bio auch?
■ Nein, ich mag Bio nicht.
  Bio ist langweilig. Ich mag Mathe.
● Mathe mag ich nicht.

Emilia und Leon

b Lest den Dialog und ergänzt die Tabelle.

Name:	Emilia	Leon
Fach 👍:	Bio	
Fach 👎:		

3 Phonetik: Fragen und Antworten

a Hört zu und sprecht nach.

… Mathe?	Magst du Mathe?
… super!	Ja, Mathe ist super!
… Bio?	Magst du Bio?
… es geht.	Na ja, es geht.
… Sport?	Magst du Sport?
… nicht.	Nein, ich mag Sport nicht.

b Fragt und antwortet. Variiert die Schulfächer.

> … Englisch? Magst du Englisch?

4 Interviews in der Klasse

a Fragt drei andere Schülerinnen und Schüler und macht Notizen.

> Magst du Kunst?

> Nein, Kunst ist blöd.

> Was heißt history auf Deutsch?

> Geschichte

b Berichtet in der Klasse.

> Magst du Geschichte?

> Tim mag Bio und Sport.

> Englisch mag Tim nicht.

Das lerne ich: Über Schulfächer und Schulsachen sprechen • sagen, welche Fächer ich mag/nicht mag • Freunde vorstellen • Zahlen und Telefonnummern • einen Videoblog erstellen • internationale Wörter erkennen

2 Magst du Mathe?

5 Das ist mein Freund

a Hört den Dialog. Lest mit.

Mia: Hallo, Robert. Ich bin Mia.
Robert: Hallo, Mia.
Mia: Das ist Fred. Er ist mein Freund.
Er mag Musik, Rap und Hip Hop.
Robert: Hallo, Fred, ich mag auch Rap-Musik.
Fred: Ah, super.
Mia: Und das ist mein Freund Paul. Er spielt Fußball. Wir machen viel zusammen. Nur Fußball mag ich nicht.
Robert: Was macht ihr heute?
Paul: Keine Ahnung, und du?

Robert, Paul, Fred und Mia

b Lest den Dialog noch einmal. Lest auch die Sätze 1–4. Kreuzt an, richtig oder falsch.

　　　　　　　　　　　　　　　　　　　　　　　　　　　　Richtig　Falsch

1. Fred mag Musik.
2. Robert mag Musik nicht.
3. Fred, Mia und Paul spielen heute Nachmittag Fußball.
4. Paul spielt gern Fußball.

c Sucht die Verbformen im Dialog und ergänzt sie.

Denk nach!

	machen	mögen	sein
ich	mache	mag	____
du	machst	magst	bist
er/sie	macht	____	ist
wir	mach___	mögen	sind
ihr	mach___	mögt	seid
sie/Sie	machen	mögen	sind

d Schreibt die Verben auf Karten und legt sie verdeckt auf einen Stapel. Eine/-r zieht ein Verb, die/der andere würfelt und nennt die passende Verbform.

lernen　*kommen*　*spielen*　*heißen*　*mögen*　*sein*　*machen*

ihr lernt

 = ich　 = du　 = er/sie　 = wir　 = ihr　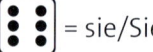 = sie/Sie

6 An die Austauschklasse

a Seht die Präsentation an. Wer stellt sich vor?

Das sind wir die Klasse 6b

Hi, wir sind Moritz und Jona. Wir sind Schüler in Klasse 6b. Wir mögen Sport. Jona spielt Tennis und ich spiele Basketball. Und wir spielen zusammen Fußball. Was mögt ihr?

Ich heiße Selma. Ich mag Ballett und Musik. Das ist meine Freundin Emilia. Sie kommt aus München. Sie wohnt jetzt in Kiel. Sie mag auch Ballett. Wir machen viel zusammen. Wir mögen auch Mathe.

Ich bin Tom und das sind meine Freundinnen Nora und Lina. Sie mögen Musik. Nora und Lina spielen in der Schülerband. Sie spielen Gitarre. Die Band spielt Rockmusik. Ich mag Rockmusik nicht, ich mag Pop. Mögt ihr auch Pop?

b Lest die Texte. Ordnet die Fragen 1. bis 3. den Antworten A–C zu.

1. Wer macht Musik?
2. Wer mag Tennis?
3. Wer kommt aus München?

- A: Emilia
- B: Nora und Lina
- C: Jona

c Schreibt Fragen wie in **b**. Fragt und antwortet in der Klasse.

7 Meine Freunde

Sprecht zu dritt. Jede/-r stellt eine Freundin / einen Freund vor. Zeigt ein Foto.

Das ist meine Freundin. Sie ...

Das ist ...

2 Magst du Mathe?

8 Die Zahlen 1 bis 20

a Hört zu und sprecht die Zahlen mit.

eins – zwei – drei und vier

fünf – sechs – sieben und acht

neun – zehn – elf – zwölf – dreizehn

b Hört zu und sprecht nach. Kombiniert danach die Ziffern und Zahlwörter ab elf.

13 **zwanzig** 14 **fünfzehn**
neunzehn 11 **achtzehn** 17
12 **16** **DREIZEHN**
siebzehn 18 20 **elf** 19
sechzehn 15 **zwölf** **vierzehn**

11 – elf

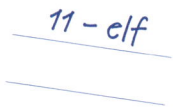

c Zählt rückwärts.

d Wie schnell könnt ihr von 1–20 zählen?

9 Telefonnummern

a Jede/-r notiert eine Telefonnummer für sich. Sammelt sie dann an der Tafel.

b Hört das Gespräch und spielt es mit euren Telefonnummern nach.

0162 20 81 430 – klingelingeling.

Hier ist Lukas. Wer ist da?

Hallo, Lukas. Hier ist Anna. Wie geht's?

10 Die Zahlen bis 1000

Hört zu und lest die Zahlen.

21 einundzwanzig	30 dreißig	100 (ein)hundert
22 zweiundzwanzig	40 vierzig	101 (ein)hunderteins
23 dreiundzwanzig	50 fünfzig	...
24 vierundzwanzig	60 sechzig	200 zweihundert
25 fünfundzwanzig	70 siebzig	...
26 sechsundzwanzig	80 achtzig	1000 (ein)tausend
27 siebenundzwanzig	90 neunzig	
28 achtundzwanzig		
29 neunundzwanzig		

11 Zahlenspiele

a   Hört zu und sprecht nach.

13 und 30   15 und 50   16 und 60   19 und 90   27 und 72   48 und 84

b   Ratet Zahlen. Eine/-r denkt sich eine Zahl zwischen 100 und 200 und schreibt sie auf einen Zettel. Die anderen raten die Zahl.

154   130   180

c   Hört zu und lest mit. Spielt danach den Dialog mit euren Telefonnummern.
- Wie ist deine Handynummer, Jule?
- 0162 20 89 465. Und deine?
- 0162 20 84 453.
- 0162 20 84 443?
- Nein, nicht 443! 453! 0162 20 84 453.
- Ach so, danke.

Projekt

Zahlen in eurem Land

Recherchiert Zahlen in eurem Land.

Schilder • Vorwahl • Polizei • Feuerwehr • ...

Sammelt die Ergebnisse auf einer Collage.

Vergleicht mit Zahlen aus Deutschland, Österreich und der Schweiz.

2 Magst du Mathe?

12 Meine Schulsachen

a Hört zu. Findet die Wörter im Bild und lest sie mit.

b Hört weiter. Lest die Wörter mit.

c Wie heißen die Sachen in anderen Sprachen, die ihr kennt?

13 Phonetik: Wortakzent

a Hört zu. Hört dann noch einmal und klatscht die Wortakzente.

der **Ku**·li	der **Blei**·stift	die **Sport**·ta·sche
das **Smart**·phone	das **Heft**	die **Brot**·do·se
die **Sche**·re	das Li·ne·**al**	der Ra·**dier**·gum·mi

b Hört noch einmal, sprecht nach und zeigt auf den Gegenstand in 12 a und b.

c Legt zehn Schulsachen auf den Tisch. Deckt sie mit einem Tuch ab. Eine/-r ist Spielleiter/-in. Die anderen schließen die Augen. Der/Die Spielleiter/-in nimmt einen Gegenstand weg und versteckt ihn. Dann öffnen alle die Augen. Zieht das Tuch weg. Was fehlt?

14 Ist das ein Bleistift?

a Hört zu und lest dann die Dialoge laut.

Wie heißt das auf Deutsch? Ist das ein Kuli?

Wie heißt das auf Deutsch? Ist das eine Schere?

Nein, das ist ein Bleistift. Das ist mein Bleistift.

Nein, das ist ein Lineal. Das ist mein Lineal.

b Ergänzt die Endungen in der Tabelle und tragt weitere Nomen ein.

Denk nach!

der	das	die
ein	ein	ein**e**
m___	m___	mein**e**
dein	d___	dein___
Kuli	Buch	Schere
___	___	___

Tipp
Nomen mit Artikeln lernen!
Schreibt in den Farben blau, grün, rot.
Schreibt Lernkarten!

c Phonetik: Wörter betonen. Hört zu und sprecht nach.

Ein Buch?   Ja, mein Buch!
Ein Buntstift?   Ja, mein Buntstift!
Eine Uhr?   Nein, eine Schere! Meine Schere!
Ein Füller?   Nein, ein Kuli! Mein Kuli!

d Sprecht die Dialoge wie in a.

Wie heißt das auf Deutsch? Ist das eine Schere?

Nein, das ist ein Kuli. Das ist mein Kuli.

2 Magst du Mathe?

15 Mein Freund Max

a Was wisst ihr über Emma? Notiert die Informationen.

Emma
_____
_____

Max
Er kommt aus _____
Er wohnt in _____

b Wer ist Max? Seht den Vlog bis 00:43. Notiert Informationen zu Max.

c Was denkt ihr? Was machen Max und Emma zusammen? Kreuzt an.

| in der Schülerband spielen | Tischtennis spielen | chillen | Basketball spielen | in der Schule sitzen | Yoga machen |

d Seht den Vlog bis 00:55 und vergleicht. Was habt ihr richtig geraten?

> Sie spielen zusammen Tischtennis. Das ist richtig.

e Seht weiter. Welche Schulfächer mag Emma, welche Schulfächer mag Max? Ordnet zu.

Kunst Musik Biologie Englisch Mathe Geografie Sport

f Dreht ein eigenes Video. Berichtet über eine Freundin oder einen Freund, über Hobbys und über Schule.

Tipp
1. Was möchtest du zeigen?
2. Schreib zu jedem Thema 2–3 Sätze auf.
3. Übe deinen Text laut.
4. Nimm dich vor der Kamera auf!

Das kann ich jetzt

Telefonnummern erfragen und mitteilen
Wie ist deine Handynummer?   0162 2084453.

Freunde vorstellen
Das ist mein Freund. Er heißt ...   Das ist meine Freundin. Sie heißt ...
Er kommt aus ...   Sie kommt aus ...
Er wohnt in ...   Sie wohnt in ...

Über Schulfächer sprechen
Magst du Bio?   ☺ Ja.   😐 Es geht.   ☹ Nein, ich mag Bio nicht.

Über Schulsachen sprechen
Was ist das? Wie heißt das auf Deutsch?   Das ist ein Kuli.

Außerdem kann ich ...
- bis 1111 zählen
- internationale Wörter erkennen
- einen Videoblog verstehen und selbst drehen

Phonetik
- Wörter im Satz betonen
- Wortakzent

Grammatik kurz und bündig

Personalpronomen und Verben

Infinitiv		kommen	heißen	mögen	sein
Singular	ich	komme	heiße	mag	bin
	du	kommst	heißt	magst	bist
	er/es/sie	kommt	heißt	mag	ist
Plural	wir	kommen	heißen	mögen	sind
	ihr	kommt	heißt	mögt	seid
	sie	kommen	heißen	mögen	sind
Höflichkeitsform	Sie	kommen	heißen	mögen	sind

Artikel und Nomen

der	Kuli	das	Buch	die	Schere
ein	Kuli	ein	Buch	eine	Schere
mein	Kuli	mein	Buch	meine	Schere
dein	Kuli	dein	Buch	deine	Schere

Nomen haben Artikel.

3 Habt ihr Haustiere?

Mein Lieblingstier ist der Seehund.

Das ist mein Pferd. Es heißt Meteo. Es ist 11 Jahre alt.

das Pferd

der Seehund

der Hund

Mein Hund heißt Moritz. Er ist toll.

Meine Katze heißt Mimi. Sie spielt gern.

die Katze

der Fisch

Der Fisch ist cool.

1 Tiere

32 a Hört zu und lest mit.

b Was machen die Jugendlichen? Kennt ihr ähnliche Situationen? Wo und wann habt ihr Kontakt zu Tieren? Sprecht in eurer Sprache.

33 c Ihr hört sechs Tiergeräusche. Notiert 1 bis 6 in der Reihenfolge, die ihr hört.

1 die Kuh die Maus der Wolf der Pinguin der Vogel der Tiger

2 Phonetik: die Vokale *a, e, i, o, u* lang – oder kurz •

a Hört zu und sprecht nach.

a̱	das La̱ma	a	die Katze
e̱	der Se̱ehund	e	der Schmetterling
i̱	der Ti̱ger	i	der Fisch
o̱	der Vo̱gel	o	der Wolf
u̱	die Ku̱h	u	der Hund

b Fragt und antwortet in der Klasse.

> Was ist dein Lieblingstier?

> Mein Lieblingstier ist der Seehund.

3 Tiere und Kontinente

a Wie heißen die Kontinente und Subkontinente auf Deutsch? Hört und ordnet zu.

- ☐ Afrika — 5
- ☐ Antarktis
- ☐ Asien
- ☐ Australien
- ☐ Europa
- ☐ Nordamerika
- ☐ Mittelamerika
- ☐ Südamerika

b Woher kommen die Tiere? Fragt und antwortet in der Klasse.

> Woher kommt das Känguru?

> Das Känguru kommt aus …

> Und die Kuh?

> Das weiß ich nicht.

> Ich glaube, die Kuh kommt aus …

> Woher kommt die Giraffe?

> …

Das lerne ich: Über Tiere sprechen • ein Interview führen • ein Tier vorstellen • eine Präsentation zu deinem Lieblingstier machen • Ähnlichkeiten zwischen Deutsch und Englisch erkennen • die Farben

3 Habt ihr Haustiere?

4 Haustiere

a Wer hat welches Haustier? Hört den Dialog und verbindet die Personen und Tiere. Ein Tier bleibt übrig.

Selina • Katze • Fisch • Schildkröte • Spinne • Hund • Mika

b Lest den Dialog zu zweit und kontrolliert.

● Oh, ist die süß. Ist das deine Katze?
■ Ja, das ist meine Katze. Komm, Hiphop!
● Hä, wie heißt deine Katze?
■ Sie heißt Hiphop.
● Echt? Mag deine Katze auch Hiphop?
■ Hm, ja. Sie mag Musik. Hast du auch eine Katze oder einen Hund?
● Nein. Aber ich habe einen Fisch und eine Schildkröte.
■ Einen Fisch? Wie heißt er?
● Er heißt Bulbu. Und meine Schildkröte heißt Kleopatra. Sie ist schon alt, 20 Jahre.
■ Cool.
● Hast du auch noch ein Haustier?
■ Ja, ich habe noch eine Spinne, sie heißt Fiffi.
● Iiii! Eine Spinne?
■ Ich finde Spinnen toll.

	haben
ich	habe
du	hast
er/es/sie	hat
wir	haben
ihr	habt
sie/Sie	haben

c Lest noch einmal und ergänzt die Endungen.

Denk nach!

	sein + Nominativ	haben + Akkusativ	

der Fisch	Das ist ein Fisch.	Ich habe ein__ Fisch.	Ich habe kein__ Fisch.
das Pferd	Das ist ein Pferd.	Ich habe ein Pferd.	Ich habe kein Pferd.
die Katze	Das ist eine Katze.	Ich habe ein__ Katze.	Ich habe keine Katze.

30 *dreißig*

5 Hast du einen/ein/eine ...?

Würfelspiel: Spielt zu viert, zwei pro Team. Würfelt mit zwei Würfeln. Fragt und antwortet.

Hast du eine Katze?
Nein, ich habe keine Katze.

Hast du ein Tablet?
Ja, ich habe ein Tablet.

der	der Kuli	der Bleistift	das Tablet	der	der Fußball
der Koala	der	der Pinguin	der	der Tiger	der Papagei
das Buch	das	das Lineal	das Heft	das Handy	das
die	das	Noch mal würfeln!	das Kaninchen	das Lama	das Pferd
die Sporttasche	die Schere	die	Noch mal würfeln!	die	die Brotdose
die Giraffe	die Kuh	die Spinne	die Schildkröte	die	Noch mal würfeln!

6 Interviews in der Klasse

a Fragt und antwortet. Variiert die Haustiere.

Hast du ein Haustier?   Nein, ich habe kein Haustier. / Ja, ich habe einen Hund.
Wie alt ist dein Hund?   Mein Hund ist ...
Wie heißt dein Hund?   Mein Hund heißt ...

b Berichtet in der Klasse.

Maria und Anna haben ...

Mehmet hat keinen Hund, aber ...

3 Habt ihr Haustiere?

7 Sport für Hunde

a Seht die Fotos an und lest die Sätze.

Ich bin Lena und das ist Foxy. Foxy ist ein Jahr alt. Er kommt aus Kanada.

Ich gehe mit Foxy zum Sport. Foxy springt gut.

Foxy ist schnell und er mag Frisbee.

b Beantwortet die Fragen zum Text.

1. Kommt Foxy aus Afrika?
2. Ist Foxy alt?
3. Spielt Foxy Tennis?
4. Mag Foxy Hundesport?

c Schreibt die Fragen und Antworten ins Heft. Markiert die Verben in den Fragen und Antworten. Die Informationen im Kasten helfen.

Ja-/Nein-Fragen		
	Hast	du einen Hund?
Ja, ich	habe	einen Hund.
Nein, ich	habe	keinen Hund.

1. Kommt Foxy aus Afrika?
   Nein, Foxy kommt nicht aus Afrika.
2. …

d Phonetik: Ihr hört die Fragen aus b. Achtet auf die Melodie. Sprecht nach.

37

e Schreibt lustige Ja-/Nein-Fragen mit den Verben.

sein haben spielen lernen heißen kommen wohnen

Ist deine Katze 100 Jahre alt?
Spielt …

f Kettenspiel: Nehmt die Fragen aus e. A stellt B eine Ja-/Nein-Frage. B erfindet eine Antwort und stellt C eine Frage …

Ist deine Katze 100 Jahre alt?   Nein, 105 Jahre.   Spielt dein Hamster Tennis?   Ja, …

8 Bens Haustiere

a Welche Tiere sind auf den Fotos? Lest die Texte und ordnet die Fotos den Texten zu.

A

B

C

☐ Text 1

Ich heiße Hansi und bin 6 Monate alt. Ich wohne in Dresden. Ich bin der Hamster von Ben Mayer. Ben mag Fußball, ich nicht. Ich mag mein Hamsterrad. Ben hat auch eine Katze. Sie heißt Mia. Ich mag Mia. Aber sie sagt: Hamster sind blöd.

☐ Text 2

Ich heiße Mia und bin ein Jahr alt. Ich bin die Katze von Ben Mayer. Wir wohnen in Dresden. Ben mag Partys, ich nicht. Er hat auch noch einen Hamster. Er heißt Hansi. Ben mag Hansi, aber ich mag Hamster nicht.

☐ Text 3

Ich heiße Kiri und wohne in Dresden. Ich mag Partys und singe gerne. Ich bin der Vogel von Ben. Ben hat auch einen Hamster und eine Katze. Ich mag sie, aber sie sagen, ich bin klein und laut. Sie mögen keinen Vogel.

b Lest die Sätze. Was ist richtig und was ist falsch? Notiert R (richtig) oder F (falsch).

Text 1
1. Ben hat einen Hamster. ☐
2. Hansi mag Fußball. ☐
3. Hansi mag Mia nicht. ☐

Text 2
4. Mia lebt in Deutschland. ☐
5. Mia mag keine Partys. ☐
6. Mia mag Hansi. ☐

Text 3
7. Kiri lebt in Dresden. ☐
8. Kiri mag Mia. ☐
9. Mia mag Kiri nicht. ☐

c Schreibt Fragen zu den Texten.

Wer mag Partys?   Mag Mia Hansi?   …

d Schließt das Buch. Teilt die Klasse in zwei Gruppen. Eine/-r aus Gruppe A fragt eine/-n aus Gruppe B. Ist die Antwort richtig? Ein Punkt für Gruppe B. Ist die Antwort falsch? Ein Punkt für Gruppe A.

3 Habt ihr Haustiere?

9 Viele Tiere – Plural

a Hört zu und sprecht nach. Welche Tiere findet ihr im Bild?

der Hund – die Hunde   das Pferd – die Pferde   der Tiger – die Tiger
das Kaninchen – die Kaninchen das Lama – die Lamas   das Känguru – die Kängurus
die Schildkröte – die Schildkröten die Spinne – die Spinnen die Maus – die Mäuse
die Kuh – die Kühe   der Wolf – die Wölfe   die Katze – die Katzen

b Markiert in den Pluralformen in a die Umlaute *ä, ö, ü* und Endungen.

c Wie viele Tiere von jeder Art findet ihr auf dem Bild? Welche Gruppe ist am schnellsten?

Im Bild sind fünf Pferde.

10 Plural üben

a Lest den Tipp und schreibt Wortkarten für die Wörter. Schreibt auf der Vorderseite Deutsch, auf der Rückseite eure Sprache. Die Pluralformen findet ihr in der Wortliste ab Seite 90.

das Tier • das Haustier • der Hund • der Vogel • das Pferd • das Buch • der Stift • das Heft • das Handy • das Tablet • der Rucksack • der Kuli/Kugelschreiber • die Uhr • der Laptop • der Computer • der Ball

Tipp
Lernt Nomen immer mit Artikel und Plural. Schreibt Wortkarten!

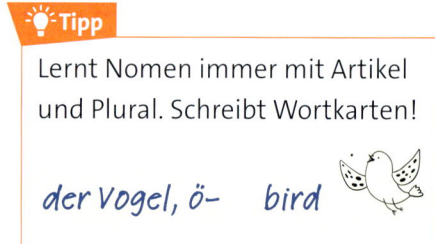

b Legt die Wortkarten auf einen Stapel. Zieht eine Karte. Eine/-r sagt das Wort und den Plural. Die/Der andere sagt einen Satz mit dem Wort. Richtig? Ihr dürft die Karte behalten. Falsch? Legt die Karte unter den Stapel.

der Vogel, die Vögel

Ich habe einen Vogel.

11 Die Farben

a Englisch und Deutsch – Was ist ähnlich? Ordnet zu.

white grey gelb braun
brown red weiß grün
green blue rot
yellow black blau schwarz
grau

> **Tipp**
> Schaut euch neue Wörter gut an! Manchmal gibt es Ähnlichkeiten mit Wörtern in Sprachen, die ihr kennt. Das hilft beim Deutschlernen.

b Vergleicht mit den Wörtern in eurer Sprache. Gibt es Ähnlichkeiten?

c Was sind eure Lieblingsfarben? *Meine Lieblingsfarbe ist Rot.*

d Findet ein Tier für jede Farbe. *Hunde sind braun oder ...* *Schmetterlinge sind ...*

12 Tiere beschreiben

a Jede/-r wählt einen Text und liest den Text genau.

Ich habe ein Meerschweinchen. Es heißt Schnuppi. Es ist braun und weiß. Es ist klein. Es ist ein Jahr alt. Mein Meerschweinchen mag Salat und Karotten. Es ist so süß! Max

Mein Lieblingstier ist der Tiger. Er ist groß und stark. Er kommt aus Asien. Ich mag Tiger sehr. Ich mag auch Spinnen. Sie sind interessant. Anne

b Deckt die Texte ab. Erzählt euch gegenseitig von eurem Text. Der/Die Partner/-in sagt, welches Foto passt.

 A  B  C  D

c Ergänzt die Sätze.

1. Schnuppi ist ein _____. _____ ist klein.

2. Anne mag _____. Sie mag auch Spinnen. _____ sind interessant.

der Tiger	Er ist groß.
das Pferd	Es ist lieb.
die Katze	Sie ist weiß.
die Tiere	Sie sind interessant.

Projekt Beschreibt eure Lieblingstiere. Präsentiert sie in der Klasse.

3 Habt ihr Haustiere?

13 Lieblingstiere

a Seht Emmas Vlog bis 00:53. Wen stellt Emma heute vor? Verbindet die Informationen.

Paula • ist die Freundin • von Holly.

Holly • ist der Hund • von Paula.

Paula • ist manchmal die Chefin • von Emma.

b Lest die Tiere. Seht dann den Vlog weiter. Welche Tiere sind im Vlog? Kreuzt an.

Maus	Schlange	Hund
Spinne	Pinguin	Tiger
Kuh	Vogel	Seehund
Pferd	Katze	Schildkröte

c Seht den Vlog noch einmal. Wer hat welches Tier? Notiert.

Habt ihr Haustiere?   Ben hat _____   Max hat _____   Paula hat _____

d Welche Tiere mögt ihr, welche nicht? Schreibt Emma in die Kommentare.

3

Das kann ich jetzt

Über Tiere sprechen

Woher kommt das Lama?	Ich glaube, es kommt aus Amerika.
Was ist dein Lieblingstier?	Mein Lieblingstier ist der Tiger. Er ist stark.

Ein Interview führen

Hast du ein Haustier?	Ja, ich habe zwei Vögel. Sie heißen Heidi und Peter.
Hast du einen Hund?	Nein, ich habe keinen Hund.
Magst du Hunde?	Nein, aber ich mag Katzen.

Ein Tier vorstellen

Ich habe ein Kaninchen. Es heißt Schnuppi und ist ein Jahr alt. Es ist braun und klein.

Über Farben sprechen

Was ist deine Lieblingsfarbe? Meine Lieblingsfarbe ist Rot.

Außerdem kann ich …
- einen Text über Tiere verstehen
- mein Lieblingstier vorstellen
- Ähnlichkeiten zwischen Deutsch und Englisch erkennen

Phonetik
- lange und kurze Vokale
- Melodie in Ja-/Nein-Fragen

Grammatik kurz und bündig

Ja-/Nein-Fragen und Antworten

	Verb		Infinitiv	haben
	Hast	du einen Hund?	ich	habe
Ja, ich	habe	einen Hund.	du	hast
Nein, ich	habe	keinen Hund.	er/es/sie	hat
	Ist	der Hund groß?	wir	haben
Ja, er	ist	sehr groß.	ihr	habt
			sie/Sie	haben

Nominativ und Akkusativ

	Nominativ	Akkusativ	Akkusativ
der Hund	Das ist ein Hund.	Ich habe einen Hund.	Ich habe keinen Hund.
das Pferd	Das ist ein Pferd.	Ich habe ein Pferd.	Ich habe kein Pferd.
die Katze	Das ist eine Katze.	Ich habe eine Katze.	Ich habe keine Katze.
die Mäuse	Das sind – Mäuse.	Ich habe – Mäuse.	Ich habe keine Mäuse.

Artikel und Personalpronomen

der Hund	das Pferd	die Schildkröte	die Hunde
Er ist süß.	Es ist stark.	Sie heißt Mitzi.	Sie sind süß.

siebenunddreißig **37**

Fakten & Kurioses

1 Tiere in Deutschland, Österreich und der Schweiz

 a Schaut die Karte an, nennt Orte, die ihr kennt und tragt weitere Orte ein. Sprecht über die Fragen.

Machst du dort Urlaub?   Hast du Wunschziele?

Kennst du Orte in Deutschland, Österreich und der Schweiz?   Hast du dort Familie oder Freunde?

A   Robbe an der Nordsee

B   Möwen füttern an der Ostsee

C   Löwen im Safaripark

D   Wildpferde im Münsterland

F   Kuh auf Alpenwiese

E   Schwäne auf Luzerner See

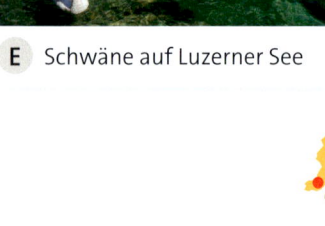

b Schaut die Fotos auf Seite 38 an. Wie findet ihr die Fotos?

😃 Super!   🙂 Sehr schön.   😕 Geht so.   🤔 Interessant!   😎 Cool!

39 🔊 **c** Hört zu. Welches Geräusch passt zu welchem Bild?

Geräusch	1	2	3	4	5	6
Foto	F					

1 passt zu Foto F

d Beantwortet die Fragen in eurer Sprache.

Welche Fotos überraschen dich? Warum?   Was sind eure Lieblingsfotos?

Welche Fotos passen auch zu eurem Land? Warum?

e Lest die Texte. Was versteht ihr schon? Wenn ihr etwas nicht versteht, schaut auf die Karte und die Fotos. Ordnet die Fotos aus 1a den Sätzen zu.

☐ In Schleswig-Holstein leben 10.000 Seehunde in der Nordsee.
☐ Auf Wiesen in den Alpen leben Kühe. Der Großglockner ist mit 3.798 m der höchste Berg in Österreich.
☐ Löwen, Tiger oder Elefanten leben im Zoo oder im Safari-Park bei Hannover.
☐ Im Münsterland leben 400 Wildpferde.
☐ Schwäne im Süden der Schweiz: Der Luzerner See heißt auch Lac des Quatre-Cantons, Lago dei Quattro Cantoni oder Lago di Lucerna.
☐ Urlaub an der Ostsee: Die Insel Rügen bietet Strand, Meer und Möwen.

> **Info**
>
> **Mehr wissen?**
> Sucht im Internet nach: „Tiere in Deutschland", „Tiere in Österreich", „Tiere in der Schweiz".

Fakten & Kurioses

2 Gleich und doch anders?

Circa 83 Millionen

Wien

www.bundesregierung.de

Bern

Intercity-Express, Deutsche Bahn

Circa 8,9 Millionen

Circa 8,6 Millionen

www.admin.ch

Railjet, Österreichische Bundesbahn

www.oesterreich.gv.at

Giruno, Schweizerische Bundesbahn

Berlin

40 vierzig

 **a** Schaut die Collage auf Seite 40 an. Sortiert danach alle Infos in die Tabelle.
Ergänzt A bis F, Zahlen und Namen.

	Deutschland	Österreich	Schweiz	Mein Land
Länder-Kennzeichen	D			
Einwohner			8,6 Millionen	
Hauptstadt				
Flagge				
Schnellzug		Railjet		
Internet-Domain	.de			

b Ergänzt die Informationen für euer Land.

Projekt

Schaut die Bilder an. Was denkt ihr, zu welchen Ländern gehören diese Dinge?

Erstellt ein Spiel: Sammelt zehn Objekte aus eurem Land. Recherchiert dann Fotos von diesen Dingen aus Deutschland, Österreich oder der Schweiz. Erstellt ein Memo-Spiel und spielt das Spiel. Tauscht eure Spiele in der Klasse.

Lösungen: Euro-Münze: Österreich • Deutschland; Fußgängerübergang: Schweiz • Deutschland; Rad- und Fußweg: Deutschland • Österreich

Kleine Pause

1 Zahlen und Buchstaben

a Welche Zeichnung passt zu welchem Tier?

b Zeichnet eigene Buchstabenbilder. Stellt sie in der Klasse aus.

2 Phonetik: Emotionen

a Schaut zuerst die Bilder an. Hört dann zu. Hört noch einmal und sprecht mit.

1000

Eine Million

b Sprecht emotional mit einer anderen Zahl. Die anderen raten, welches Bild passt.

c Hört den Dialog. Sprecht ihn interessant nach. Ihr könnt auch flüstern.
- Morgen?
- Morgen. Nachts um 12.
- Nachts um 12?
- Nachts um 12. Eine Million.
- Eine Million?
- Eine Million. In der Schule. Nachts um 12.
- Eine Million. In der Schule. Nachts um 12.

3 Spiel „Drei gewinnt"

Wer hat zuerst drei in einer Reihe? Eure Lehrerin / Euer Lehrer erklärt das Spiel.

Jeder braucht 18 Spielsteine.

1 Zähle bis 10. *Null, …*	**2** Konjugiere: *kommen* *ich komme, du …*	**3** Antworte. *Guten Tag!* *…*	**4** Konjugiere: *sein* *ich bin du …*	**5** Bilde drei Fragen: • Wie … • Wo … • Woher …
6 Wohnst du in Berlin? *…*	**7** Nenne drei Tiere: *der …* *die …* *das …*	**8** Was magst du? *Ich …*	**9** Konjugiere: *mögen* *ich mag du …*	**10** Magst du Fußball? 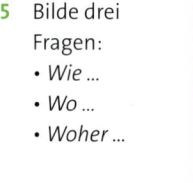
11 Nenne drei Sportarten. 	**12** Was ist das? 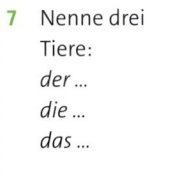	**13** Wo wohnst du? *Ich …*	**14** Nenne drei Städte in Deutschland 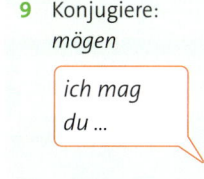	**15** Wie heißt der Artikel? *Kuli* *Rucksack* *Schere*
16 Hallo, wie geht´s? *…*	**17** Wie heißt dein Freund / deine Freundin? *Mein/ Meine …*	**18** Hast du eine Katze? 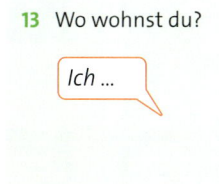	**19** Ist das eine Brille? 	**20** Wie heißt das auf Deutsch? 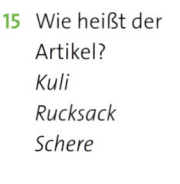
21 Konjugiere: *haben* *ich habe, du …*	**22** Wie heißt der Plural? *das Buch* *die Maus* *der Computer*	**23** Magst du Sport? *Ja, …* *Nein, …*	**24** Wie heißt das auf Deutsch? 	**25** Wie heißen die Kontinente? *Af…, Am…, As…, Eu…, Au…*
26 Wie ist deine Telefonnummer? *Meine …*	**27** Zähle von 20 bis 10. *Zwanzig, neunz…*	**28** Konjugiere: *spielen* *ich spiele, du …*	**29** Wie heißen die Artikel und Pluralformen? *Bleistift, Heft, Sporttasche*	**30** Kommst du aus Österreich? 

4 Wie viel Uhr ist es?

1 Die Zeit

a Schaut die Bilder an. Welche Situationen kennt ihr?

b Welche Zeit passt zu welchem Bild? Ordnet zu. Hört zur Kontrolle.

Es ist sechs Uhr. Es ist Viertel vor acht. Schon halb fünf?
Es ist Viertel nach acht. Es ist fünf nach sechs. Es ist halb fünf.

4

2 Wie viel Uhr ist es?

a Hört die Uhrzeiten. Lest dabei die Uhren mit.

b Ordnet die Uhrzeiten 1–10 aus **a** zu. Hört noch einmal zur Kontrolle. Sprecht mit.

Es ist … ☐ **1** zwölf Uhr. ☐ ein Uhr. ☐ fünf vor eins.

☐ zehn vor halb eins. ☐ fünf nach zwölf. ☐ Viertel vor eins. ☐ halb eins.

☐ zehn nach zwölf. ☐ Viertel nach zwölf. ☐ fünf nach halb eins.

c Überlegt gemeinsam: Wie sagt man die Uhrzeit in anderen Sprachen? Was ist gleich, was ist anders?

d Malt Uhrzeiten auf Kärtchen. Diktiert sie euch gegenseitig.

e Welche Aktivität passt zu der Uhrzeit? Notiert auf der Rückseite.

der Wecker klingelt
müde sein
die Schule beginnt
Mathe haben – Deutsch haben
Pause haben

Hausaufgaben machen
Basketball spielen
Klavier spielen
telefonieren

f Macht einen Klassenspaziergang mit den Karten. Fragt und antwortet. Tauscht dann eure Karten.

Wie viel Uhr ist es?

Es ist acht vor zwei. Ich spiele Basketball.

Das lerne ich: Uhrzeiten, Tageszeiten und Wochentage nennen • über meinen Schulalltag berichten • ein Interview führen • fragen, wann etwas beginnt und endet • eine Mail schreiben • sagen, wann ich etwas gern mache

fünfundvierzig **45**

4 Wie viel Uhr ist es?

3 Meine Woche

44 🔊 **a** Hört das Lied. Lest die Tage in Leons Wochenplan mit.

🗣 **b** Phonetik: Schreibt die Tage ins Heft. Hört dann zu und
45 🔊 markiert die langen — und kurzen • Vokale.
Hört noch einmal und sprecht mit.

Leon und Charly

Meine Woche

Zeit	Montag	Dienstag	Mittwoch	Donnerstag	Freitag	Samstag	Sonntag
			mit Charly Gassi gehen			\multicolumn{2}{|c|}{das Wochenende}
8:15–9:00	Deutsch	Sport	NaWi	GeWi	Englisch		
9:00–9:45	Deutsch	Sport	NaWi	GeWi	Englisch	frei	
			Pause				
10:10–10:55	Mathe	Mathe	Deutsch	Französisch	NaWi	Freunde	
10:55–11:40	Mathe	Mathe	Kunst	Französisch	NaWi		
			Pause			bloggen	
12:15–13:00	Musik	Deutsch	Englisch	Informatik	Religion/	chillen	
13:00–13:45	Musik	Deutsch	Englisch	Informatik	Lebenskunde		
			Mittagspause			Sport	
14:15–15:00	Soziales Lernen	Kunst	Mathe	Sport	Radio-AG		
15:30–16:15		Fußball	Klavier	Schach-AG			
			Hausaufgaben, chatten, surfen, chillen				

c Sortiert die Aktivitäten und Fächer aus Leons Wochenplan den zwei Themen in Wortfeldern zu.

💡 **Tipp**
Sortiert neue Wörter nach Themen! Das hilft beim Lernen.

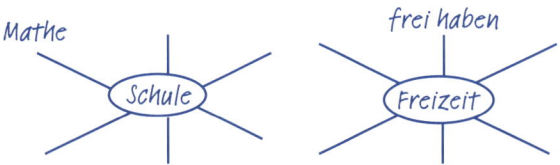

💡 **Info**
NaWi = Naturwissenschaften: Biologie, Physik, Chemie

GeWi = Gesellschaftswissenschaften: Geografie, Politik, Geschichte

AG = Arbeitsgemeinschaft (freiwillig)

d Welche Schulfächer kennt ihr? Welche nicht?

e Schreibt euren eigenen Wochenplan mit Schule und Freizeit.

4 Radio-AGs von zwei Schulen im Interview

a Hört das Interview. Lest die Informationen in Leons Wochenplan mit.

Hallo Leute! *Hier ist die Radio-AG.*

Meryem und Elin aus Weimar

Leon aus der Goethe-Schule in Berlin

b Ordnet den Fragen die passenden Antworten zu. Hört noch einmal zur Kontrolle.

Um wie viel Uhr beginnt deine Schule? • • Ich habe am Wochenende Freizeit.

Wann hast du Mittagspause? • • Meine Schule beginnt um Viertel nach acht.

Wie viele Stunden Unterricht hast du pro Woche? • • Von Viertel vor zwei bis Viertel nach zwei.

Wie lange machst du Hausaufgaben pro Tag? • • Ich habe 34 Stunden Unterricht pro Woche. Jede Unterrichtsstunde ist 45 Minuten. Das sind 91.800 Sekunden Unterricht!

Wann hast du Freizeit? • • Eine Stunde pro Tag.

c Bildet weitere Fragen zu Leons Wochenplan. Fragt reihum, dein/-e Nachbar/-in antwortet.

Wann ...
Um wie viel Uhr ...   beginnt   ... (der) Unterricht?
Wie lange ...   hat Leon   ... Mathe? / ... Sport?
Von wann bis wann ...   macht er   ... Freizeit?
Wie viele Stunden ...   ... Pause?
                                      ... Hausaufgaben?

Wann hat Leon Mathe?

Am Montag hat Leon Mathe.

d Interviewt euch gegenseitig. Nutzt eure Wochenpläne aus 3e.

Wie lange machst du ...? *Ich mache ...* *Wann spielst du ...?* *Wie viele Sekunden Unterricht hast du pro Woche?*

4 Wie viel Uhr ist es?

5 Nachmittags in der Schule

a Schaut die Flyer an. Welche AGs gibt es? Welche AG findet ihr interessant?

Fußball-AG
Montags und freitags
15:00 – 16:00 Uhr

Chinesisch-AG
Beginn: 14:30
Ende: 15:15
Dienstags und donnerstags

Theater-AG
Immer montags und donnerstags!
Von 14:30 bis 16:15 Uhr

Neue AG!
Online-Schülerzeitung
Immer dienstags und mittwochs von 16 bis 17:45 Uhr

b Hört zu. Welche AGs werden im Gespräch genannt?

c Notiert fünf digitale Uhrzeiten. Diktiert sie einander. Wer hat alle richtig?

d Welche AG ist das? Fragt und antwortet.

Die AG ist montags. *Die Fußball-AG?* *Nein! Sie beginnt um 14.30 Uhr.* *Die Theater-AG!*

6 Wann beginnt …?

a Hört zu und lest mit.

■ Hallo, Ron!
● Hi, Lena! Was machst du morgen? Gehen wir skaten?
■ Ich habe Fußball-AG.
● Stimmt ja, wir haben AGs. Wann beginnt die Fußball-AG?
■ Sie beginnt um 15 Uhr.
● Wann ist sie zu Ende?
■ Sie ist um 16 Uhr zu Ende.
● Ich habe morgen von 14.30 Uhr bis 16.15 Uhr die Theater-AG.
■ Dann gehen wir gegen 17 Uhr skaten.
● Super, bis dann!

b Lest den Dialog noch einmal. Achtet auf die Position der Verben. Ergänzt die Sätze.

Denk nach!

	Verb Position 2	
Ich	_____	Fußball-AG.
Wann	beginnt	die _____?
Die Fußball-AG	_____	um 15 Uhr.
_____	ist	_____ zu Ende.
Um 14.30 Uhr	beginnt	die _____.

4

7 Phonetik: Lieblingsfächer

a Hört zu und sprecht nach. Markiert den Wortakzent.

Englisch   Franz**ö**sisch   M**u**sik   Mathem**a**tik   Inform**a**tik   Gesch**i**chte   **Ma**the   Ph**y**sik   F**u**ßball-AG

b Hört genau zu. Welches Wort hört ihr?
1. Englisch • Musik
2. Mathe • Physik
3. Französisch • Mathematik
4. Informatik • Fußball-AG

LAla oder laLA?

c Fragt und antwortet reihum.

Was sind deine Lieblingsfächer?   *Meine Lieblingsfächer sind ...*   *Was sind ...?*   *Meine ...*

8 Eine Mail von Lilly

a Lest die Mail von Lilly an Ferit.

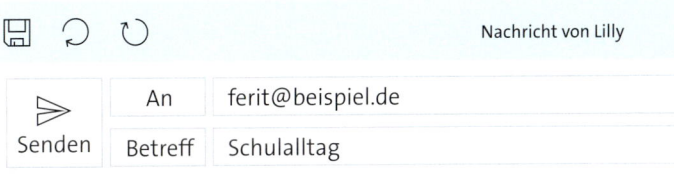

Nachricht von Lilly

An: ferit@beispiel.de
Betreff: Schulalltag

Hallo Ferit,
wie geht es dir? Mir geht es gut. Wir haben einen neuen Stundenplan. Die Schule beginnt schon um 7.45 Uhr. ☹ Um 7.30 Uhr gehe ich zur Schule. Ich habe montags und donnerstags noch AGs. Gegen 15 Uhr ist die Schule zu Ende. Echt spät!
Mein Lieblingstag ist Freitag. Freitags habe ich meine Lieblingsfächer Mathe und Sozialkunde. Nachmittags bleibe ich zu Hause. Ich chatte und blogge zwei bis drei Stunden. Ich gehe gern zur Schule. Alle meine Freunde sind da. Gehst du gern zur Schule? Wann gehst du aus dem Haus? Was ist dein Lieblingsfach?
Viele Grüße
Lilly

b Lest die Fragen und schreibt Antworten.
1. Wann geht Lilly zur Schule?
2. Was sind Lillys Lieblingsfächer?
3. Welcher Tag ist Lillys Lieblingstag?
4. Wie lange chattet und bloggt Lilly?

1. Lilly geht um ...

c Schreibt eine Antwort auf Lillys Mail. Beantwortet Lillys Fragen. Stellt neue Fragen.

*Hallo Lilly,
danke für deine Mail. Mir geht es ...
Viele Grüße*

neunundvierzig 49

4 Wie viel Uhr ist es?

9 Lerche, Taube oder Eule?

a Schaut die Bilder an und lest die Überschriften. Worum geht es im Text?

Bist du Lerche, Taube oder Eule?
Frühaufsteher oder Langschläfer?
Welcher Typ bist du?

Typ 1: Lerche
Gegen 5.30 Uhr bin ich wach. Früh aufstehen finde ich cool. Ich lerne gut früh morgens. Vormittags mache ich Sport. Aber nachmittags chille ich gern. Um 9 Uhr abends bin ich total müde.

Typ 2: Taube
Was bin ich? Lerche oder Eule? Nein, Taube! Morgens bin ich oft müde. Am Abend bin ich aber auch müde. Mittags um 12 Uhr lerne ich gut. Nach der Mittagspause bin ich super aktiv. Da beginnt meine beste Zeit.

Typ 3: Eule
Früh aufstehen – nein, danke! Da bin ich so müde. Gegen 11 Uhr bin ich fit. Das ist viel zu spät für die Schule! Aber nachts bin ich top fit.

abends müde

nachmittags aktiv

nachts top fit

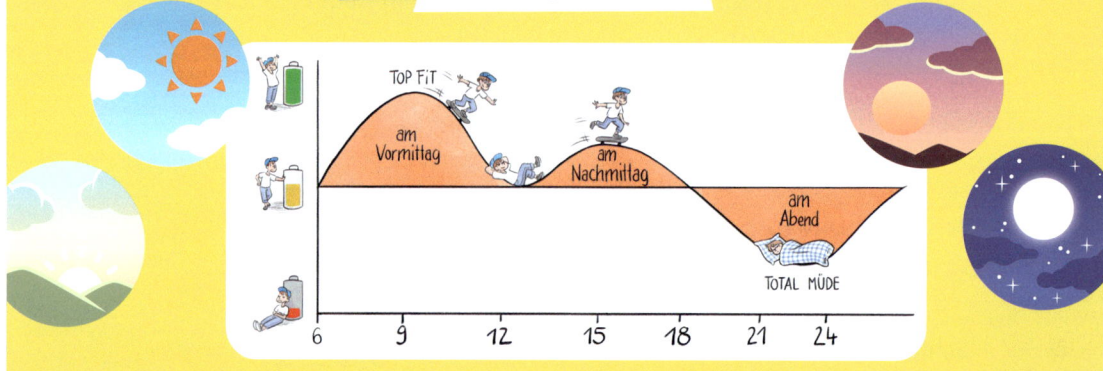

b Lest die Texte. Schaut dann die Zeichnung an. Welcher Typ wird mit der Kurve dargestellt?

c Was steht im Text? Lest die Sätze und kreuzt an, richtig oder falsch. Korrigiert die falschen Sätze.

	Richtig	Falsch
1. Lerchen sind früh morgens müde.	☐	☐
2. Lerchen machen nachmittags gern Sport.	☐	☐
3. Eulen sind morgens aktiv.	☐	☐
4. Eulen sind nachts gern wach.	☐	☐
5. Tauben sind mittags und abends müde.	☐	☐

10 Phonetik: aktiv oder müde?

a Hört zu und sprecht nach.
iiii • üüüüü • ii • üü • iü • iü

b Hört zu und sprecht nach. Sind *i* und *ü* in den Wörtern lang _ oder kurz •?
vier • beginnen • Klavier • spielen • mittags •
aktiv • fünf • früh • müde • Bücher • der Typ

Tipp
Y spricht man wie ü.

c Hört zu und sprecht nach.
1. Klavier spielen um vier
   müde um fünf
2. früh morgens müde
   mittags aktiv

d Wann seid ihr aktiv, wann müde? Ergänzt die Tabelle für euch im Heft.

Wann?	müde	aktiv	Was machst du?
Am Morgen	X		schlafen
Am Vormittag			
...			

Hausaufgaben   chillen   lernen   Pause   Bücher lesen   Musik hören   ...

e Und ihr? Seid ihr eher Lerche oder Eule oder Taube? Findet eure Gruppe. Zeichnet gemeinsam für euren Typ eine Kurve wie in b.

Wann bist du aktiv?   Morgens. Ich glaube, ich bin eine ...   Was machst du am Morgen?   Am Morgen ...

der Morgen
am Morgen
morgens

der Vormittag
am Vormittag
vormittags

der Mittag
am Mittag
mittags

der Nachmittag
am Nachmittag
nachmittags

der Abend
am Abend
abends

die Nacht
in der Nacht
nachts

4 Wie viel Uhr ist es?

11 Der perfekte Tag

a Seht das Foto an. Emma hat Stress. Was glaubt ihr, warum?

b Seht den Vlog bis 01:20. Überprüft eure Vermutungen.

c Seht den Vlog noch einmal bis 01:20. Was steht auf Emmas Wochenplan? Kreuzt an.
  - Hausaufgaben
  - Yoga
  - Fahrrad fahren
  - Klavier
  - schwimmen
  - Basketball

d Was kann Emma machen? Sammelt Ideen.

e Emmas Freundin Marie hilft. Wie? Seht weiter bis 01:45.

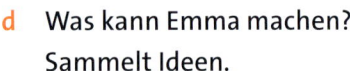

f Was ist richtig? Lest die Fragen. Seht den Vlog weiter und kreuzt an.

1. Welcher Tag ist Maries Lieblingstag?	Dienstag	Donnerstag	Samstag
2. Wie viele Fächer hat Marie am Lieblingstag?	5	7	keine
3. Was sind ihre Lieblingsfächer?	Biologie	Deutsch	Englisch

g Jede/-r wählt eine Person, Emma oder Marie. Schaut die Szene noch einmal. Notiert ihre Ideen zum perfekten Tag. Tauscht eure Notizen und überprüft sie.

	Emma	Marie
Beginnt um ...		
Beginnt mit ...		
Fächer		
AG		

Musik 8:00 Uhr Sport
Mathe Yoga Vloggen
Eis essen 9:30 Uhr

h Der perfekte Schultag. Wie sieht euer perfekter Schultag aus?

Mein perfekter Tag beginnt um 6 Uhr.

Oh nein, morgens bin ich müde.

Das kann ich jetzt

Nach der Uhrzeit fragen und Uhrzeiten nennen

Wie viel Uhr ist es?

05:28

Es ist fünf Uhr achtundzwanzig.

Es ist fünf vor zehn.

13:15

Es ist dreizehn Uhr fünfzehn.

Über meinen Schulalltag berichten

- Um wie viel Uhr beginnt deine Schule?
- Wie viele Stunden Unterricht hast du pro Woche?
- Wann ist deine Radio-AG?
- Wie lange machst du Hausaufgaben?

- Um acht Uhr.
- 34 Stunden.
- Montags um 14.30 Uhr.
- Eine Stunde pro Tag.

Sagen, wann ich etwas gern mache

- Was machst du gern morgens?
- Morgens mache ich gern Sport.
- Was machst du gern am Abend?
- Am Abend chille ich gern.

am Morgen / morgens   am Abend / abends   in der Nacht / nachts

Außerdem kann ich …
- eine Mail schreiben
- ein Interview führen

Phonetik
- Vokale *i* und *ü* richtig sprechen

vier   fünf

Grammatik kurz und bündig

Sätze und Fragen mit Zeitangaben

Position 1	Position 2: Verb	
Wann	beginnt	der Unterricht?
Um 8:00 Uhr	beginnt	der Unterricht.
Der Unterricht	beginnt	um 8.00 Uhr.

Präpositionen: Zeit

um	Meine Schule beginnt um 8.15 Uhr.	
am	Ich habe am Wochenende Freizeit.	um + Uhrzeit → um 3 Uhr
von … bis …	Ich habe von 14.30 Uhr bis 16.15 Uhr AG.	am + Tag → am Montag
gegen	Gegen 5.30 Uhr bin ich wach.	

dreiundfünfzig **53**

5 Was machst du gern?

Computerspiele spielen

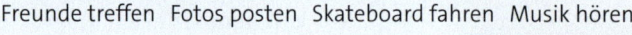
Freunde treffen   Fotos posten   Skateboard fahren   Musik hören

Fahrrad fahren

reiten

basteln

schwimmen

1 Aktivitäten

a Seht die Fotos an. Hört zu und sprecht nach. Zeigt die passenden Fotos.

b Hört zu. Welche Aktivitäten sind das?   *Ich glaube, das ist ...*

c Spielt eine der Aktivitäten vor – ohne Worte. Die anderen raten.

d Aktivitäten in der Klasse: Fragt und antwortet.

Was machst du gern?

Ich spiele gern Schlagzeug und ...

Wie sagt man bailar auf Deutsch?

Tanzen.

... und ich tanze gern. Was machst du gern?

Ich bastle gern und ich tanze auch gern.

54 vierundfünfzig

zeichnen

shoppen gehen

Schlagzeug spielen

2 Aktivitäten in der Freizeit

a Lest die Grafik. Was glaubt ihr: Welche Zahlen passen wo?

12%   35%   35%   63%   2%

> Ich glaube, 12 Prozent passt zu ...

Freizeit (ohne Medien)

Jugendliche verbringen viel Zeit mit Handy und Computer. Und was machen sie sonst noch? Das machen Jugendliche jeden Tag oder jede Woche:

	Mädchen	Jungen
Freunde treffen	75 %	74 %
Sport machen	___	69 %
Familienaktivitäten	___	___
Musik machen	23 %	19 %
Sportveranstaltungen besuchen	9 %	___
Partys machen	___	4 %

b Hört den Dialog und kontrolliert eure Vermutungen.

c Macht eine Klassenumfrage.

> Freunde treffen.

> Wer macht das jede Woche?

	Mädchen	Jungen
Freunde treffen	||||| |||||	|||||
Sport machen...		

Was sind Gemeinsamkeiten und Unterschiede zu den deutschen Jugendlichen?

Das lerne ich: Über Hobbys und Aktivitäten sprechen • mich mit Freunden verabreden • sagen, was ich gut kann / nicht kann • um Erlaubnis fragen • Sprachstrukturen vergleichen • eine Grafik lesen • einen Brief schreiben

5 Was machst du gern?

3 Sprachenlernen im Tandem

a Lest die Einleitung zum Artikel. Was ist „Lernen im Tandem"?

Lernen im Tandem

Benisha kommt aus Indien. Sie spricht Hindi und Englisch und sie lernt Deutsch. Maira kommt aus Deutschland. Sie spricht Deutsch und lernt Englisch. Benisha und Maira schreiben Nachrichten auf Deutsch und auf Englisch. So macht Sprachenlernen Spaß!

Maira (12 Jahre) | Benisha (12 Jahre)

Lukas (12 Jahre) | Gabriel (13 Jahre)

Ich bin Maira und das ist meine Tandempartnerin Benisha. Sie ist 12 und wohnt in Mumbai, in Indien. Sie hat viele Hobbys: Akrobatik, Filme und Bloggen. Sie surft oft im Internet und liest Blogs. Sie schreibt auch einen Blog. Am Wochenende macht sie Akrobatik oder sie trifft Freundinnen. Sie sehen zusammen Filme. Sie mag Serien aus Korea. Sie spricht vier Sprachen: Marathi, Hindi, Englisch und Deutsch.

Ich bin Lukas und das ist mein Tandempartner Gabriel. Er spricht Portugiesisch und lernt Englisch und Deutsch. Er wohnt in São Paulo, in Brasilien. Er ist 13. Er mag Kampfsport und macht Capoeira in der Schule. Er fährt auch gern Skateboard. Am Wochenende geht er mit der Familie zum Park Ibirapuera. Dort fährt Gabriel Skateboard und trifft Freunde.

b Arbeitet zu zweit, jede/-r liest einen Text. Ergänzt die Informationen zum/zur Tandempartner/-in.

Name:	Alter:	Hobbys:
Stadt:	Land:	Sprache:

c Deckt die Texte ab. Eine/-r beginnt und berichtet von ihrer/seiner Person. Die/Der andere notiert die Informationen. Dann berichtet auch die/der andere. Vergleicht die Notizen. Alles richtig?

> Das ist Mairas Tandempartnerin. Sie heißt Benisha. Sie …

4 Verben mit Vokalwechsel

a Sucht die Verben in den Texten in Aufgabe 3 und ergänzt die Formen.

Denk nach!

	sehen	lesen	fahren	sprechen	treffen
ich	sehe	lese	fahre	spreche	treffe
du	siehst	liest	fährst	sprichst	triffst
er/es/sie	s___ht	l___st	f___hrt	spr___cht	tr___fft

Die anderen Formen sind regelmäßig.

b Schreibt fünf Fragen mit den Verben in der Sie- und in der Du-Form.

Freunde treffen Skateboard fahren Krimis lesen
Romane lesen Actionfilme sehen Ski fahren
Sprachen sprechen Serien sehen Fußball spielen

Siehst du gern Krimis?
Sehen Sie gern Krimis?
Spielst …

c Phonetik: Hört die Vokale *a – ä – e – i*. Sprecht die Vokale und Wörter danach deutlich nach.

a aaa f**a**hren   ä äää er f**ä**hrt   e eee l**e**sen   i iii er l**ie**st

d Lest eure Fragen aus **b** dreimal leise. Sprecht die Vokale dabei wieder sehr deutlich.

e Fragt in der Klasse, auch eure Lehrerin / euren Lehrer. Macht Notizen.

Liest du gern Romane?   *Ja, ich lese sehr gern Romane.*

Frau Berger, sehen Sie gern Actionfilme?   *Ja, ich sehe gern Actionfilme.*

Tipp
Lernt neue Wörter mit Assoziationen, verbindet sie mit Personen.

f Gebt eure Informationen aus **e** in der Klasse weiter. Wiederholt die Informationen und fügt dann eine neue Information hinzu.

Maike spielt gern Fußball.

Maike spielt gern Fußball. Frau Berger sieht gern Action-Filme.

Maike spielt gern Fußball. Frau Berger sieht gerne Action-Filme. Erik …

5 Was machst du gern?

5 Was machst du am Wochenende?

58 🔊 **a** Hört den Anfang des Dialogs. Lest dann in **A** und **B** weiter. Was glaubt ihr, wie endet der Dialog?

● Hi, Dario, was machst du am Wochenende?
■ Hallo, Finn, am Samstag stehe ich spät auf. Am Nachmittag gehe ich schwimmen. Und du?
● Ich gehe Samstagabend ins Kino. Kommst du mit?
■ Nein, das geht nicht. Abends sehe ich fern: Bayern München gegen FC Barcelona.
● Du hast recht. Das ist wichtig! Und am Sonntag?

Dario und Finn

A
■ Am Sonntag habe ich keine Zeit. Ich treffe Tim.
● Schade. Vielleicht ein anderes Mal.
■ Ja, tschüs.
● Tschüs.

B
■ Ja, am Sonntag habe ich Zeit. Um wie viel Uhr?
● Ich hole dich um fünf Uhr ab. Der Film fängt um sechs an.
■ Okay, tschüs.
● Tschüs.

59 🔊 **b** Hört den ganzen Dialog zur Kontrolle.

c Lest den Dialog noch einmal. Ergänzt die Sätze.

Denk nach!

	Trennbare Verben
aufstehen	Dario steht spät auf.
fernsehen	Er sieht fern.
mitkommen	Kommst du _____ ?
anfangen	Der Film fängt um sechs Uhr _____ .
abholen	Ich hole dich _____ .
Freunde treffen	Julia trifft gern Freunde.
schwimmen gehen	Ich gehe _____ .

d Was machen Dario und Finn am Wochenende? Schreibt fünf Sätze.

1. Dario   sonntags   um neun Uhr   aufstehen
2. Dario   um drei Uhr   schwimmen gehen
3. Dario   abends   fernsehen
4. Finn   Dario   um 17 Uhr   abholen
5. Der Film   um 18 Uhr   anfangen

6 Phonetik: Betonung

a Hört zu und sprecht nach. Betont die neue Information.

fernsehen
Ich sehe fern.
Ich sehe gerne fern.
Ich sehe abends gerne fern.
Ich sehe abends nicht gerne fern.

abholen
Ich hole dich ab.
Ich hole dich morgen Abend ab.
Ich hole dich morgen Abend um acht ab.
Ich hole dich morgen Abend um acht zu Hause ab.

b Macht die Sätze länger. Betont die neue Information.

mitkommen
Kommst du ... mit?
morgen – um fünf Uhr

einkaufen
Was kaufst du ... ein?
am Wochenende – in Hamburg

Musik hören
Ich höre ... Musik.
abends – gerne

7 Verabredungen

Schreibt und spielt Dialoge zu zweit.

Fragen
Was machst du am Wochenende?

Ich gehe/spiele/mache ...
Kommst/Spielst/Machst du mit?

Kommst du um ... Uhr?

Reaktionen
Am Samstag/Sonntag ...
😀 Ja, gerne.
Prima, ich hole dich ab.
😐 Ja, vielleicht.
Ich weiß noch nicht.
☹️ Nein, ich habe keine Zeit/Lust.

8 Wann hast du Zeit?

Hört zu und kreuzt an, richtig oder falsch.

	Richtig	Falsch
1. Tanja und Lara gehen am Samstag einkaufen.	☐	☐
2. Emil hat um 11 Uhr Klavierunterricht.	☐	☐
3. Emil holt Tanja ab.	☐	☐

9 Eine Nachricht an den Tandempartner schreiben

Euer Tandempartner Luka aus Deutschland fragt:
„Was machst du am Wochenende?"
Schreibt eine Antwort.

Hi Luka,
am Wochenende stehe ich spät auf. Ich ...

5 Was machst du gern?

10 Was kannst du gut?

a Welches Bild passt zu welchem Satz? Ordne zu.
1. Kannst du klettern?
2. Du kannst sehr gut klettern.
3. Ich kann schon ein bisschen Deutsch.
4. Mark und John können Skateboard fahren.
5. Ben kann gut kochen.
6. Ihr könnt super spielen.

	können
ich	kann
du	kannst
er/es/sie	kann
wir	können
ihr	könnt
sie/Sie	können

b Phonetik: Hört zu und sprecht nach.

62 Wir können kochen. – Wir können gut kochen. – Wir können gut Spaghetti kochen.
Sie kann klettern. – Sie kann gut klettern. – Sie kann sehr gut klettern.
Ihr könnt spielen. – Ihr könnt super spielen. – Ihr könnt super zusammen spielen.

c Ergänzt die beiden Sätze aus a. Übersetzt sie Wort für Wort in eure Sprache. Ist die Wortstellung gleich oder anders?

Denk nach!

	Position 2		Ende
Du	kannst	sehr gut	_____
Ben	_____	_____	_____

d Wer kann was gut oder nicht so gut? Schreibt Sätze zu den Bildern.

Emma | Luisa und Max | Ayaz | Liam und Bea | Maria

11 Ratespiel

a Fragt fünf Mitschülerinnen und Mitschüler. Macht Notizen zu den Antworten.

Kannst du (gut) kochen?   Ja, ich kann (gut) …   Nein, ich kann nicht …
Könnt ihr (gut) klettern?   Ja, wir können ein bisschen …   Nein, wir können nicht …

| toll/super sehr gut gut | 😃 | ein bisschen ganz gut | 😐 | nicht so gut nicht gut nicht | 🙁 |

b Berichtet in der Klasse, aber nennt den Namen nicht. Die anderen raten, wer das ist.

Er kann gut Gitarre spielen. Er kann nicht kochen. Wer ist das?

Das ist Lars.

12 Kann ich mitspielen?

a Hört zu und lest mit. Welches Foto passt?

● Kann ich mitspielen?
■ Ja, klar. Kannst du Volleyball spielen?
● Ja, ein bisschen.
■ Und du? Spielst du auch mit?
▲ Ich weiß nicht.
■ Komm!
▲ Aber ich kann nicht so gut spielen.
■ Das macht nichts.

A

B

b Bildet drei Gruppen. Jede Gruppe spricht eine Person aus a.

Kann ich mitspielen?

c Variiert den Dialog und spielt ihn vor.

Tischtennis spielen   *Basketball spielen*   *mittanzen*   *Kann ich mittanzen?*

5 Was machst du gern?

13 Was sind deine Hobbys?

a Seht den Vlog bis 00:59. Wer macht heute was? Sprecht in der Klasse.

Schlagzeug spielen

Volleyball spielen

Skateboard fahren

Jiu-Jitsu machen

b Seht den Vlog bis 2:28. Wie macht Emma die Interviews? Was sagt sie am Anfang (A)? Was sagt sie am Ende (E)?

Okay, vielen Dank euch.
A Hallo, Entschuldigung, ich heiße Emma.
Ich mache einen Vlog zu Hobbys.
Kann ich Sie interviewen?
Habt noch einen schönen Tag!
Danke für das Interview.

c Spielt Interviews in der Klasse. Ihr seid auf der Straße, fünf sind Interviewerinnen und Interviewer, die anderen sind Passantinnen und Passanten.

d Seht weiter. Was möchte Clara machen? Sprecht in der Klasse.

e Was sagt Clara vielleicht? Schreibt die Dialogteile und spielt den Handydialog.

Hallo!

...

Hi Clara!

...

Und wann fängt der Film an?

...

Um fünf?

62 zweiundsechzig

5

Das kann ich jetzt

Über Hobbys und Aktivitäten sprechen und sagen, was ich gut kann

Was machst du (nicht) gern?	Ich spiele (nicht) gern Fußball.
Haben Sie Hobbys?	Ja, mein Hobby ist Bloggen.
Könnt ihr klettern?	Ja, wir können ein bisschen klettern.

Mich mit Freunden verabreden

Ich gehe ins Kino. Kommst du mit?	Nein, ich habe keine Zeit/Lust.
Ich hole dich um 18 Uhr ab.	Okay.

Um Erlaubnis fragen

Kann ich mitspielen?	Ja, klar. Kannst du Volleyball spielen?

Außerdem kann ich ...
- eine Grafik lesen
- Sprachstrukturen vergleichen
- einen Brief schreiben
- neue Informationen im Satz betonen
- die Vokale *a, ä, e, i* richtig sprechen

Grammatik kurz und bündig

Verben mit Vokalwechsel

	a → ä		e → ie		e → i	
Infinitiv	fahren	anfangen	sehen	lesen	sprechen	treffen
ich	fahre	fange ... an	sehe	lese	spreche	treffe
du	fährst	fängst ... an	siehst	liest	sprichst	triffst
er/es/sie	fährt	fängt ... an	sieht	liest	spricht	trifft

Modalverb *können*

ich	kann	wir	können
du	kannst	ihr	könnt
er/es/sie	kann	sie/Sie	können

> **Info**
> Die Pluralformen dieser Verben sind regelmäßig.

Wortstellung im Satz

Sätze mit trennbaren Verben und Verben mit Nomen oder Adjektiv

	Position 2		Ende
Danilo	steht	spät	auf.
	Kommst	du	mit?
Ich	fahre	gern	Fahrrad.

Sätze mit *können*

Ich	kann	sehr gut	kochen.
	Kannst	du Gitarre	spielen?

6 Ist das deine Familie?

Sophia — die Mutter

der Vater

der Bruder — Sophia — die Schwester

1 Meine Familie

a Hört den Dialog und zeigt die passenden Fotos.

b Hört noch einmal. Ordnet die Wörter zu. Unterstreicht die Nomen blau, rot, grün für maskulin, feminin und neutral.

die Eltern   die Geschwister   die Großeltern

_____   _____   _____   _____   _____

c Phonetik: Hört zu und sprecht nach. Achtet auf die Endung -er.
die Mutter – der Vater – die Schwester –
der Bruder – die Geschwister

Tipp
Man spricht das -er als schwaches a.
Man spricht kein r.

die Oma

der Opa

das Kaninchen

2 Ist das deine Familie?

a Hört den ganzen Dialog. Welche weiteren Wörter für Mutter, Vater und Opa kommen vor? Wie nennt man die Oma auch? Wie heißen sie bei euch?

● Sophia, ist das deine Familie?
■ Ja, das ist meine Familie. Hier sind meine Eltern: meine Mutter und mein Vater, meine Geschwister: mein Bruder Paul und meine Schwester Nelli.
Und meine Großeltern: Oma und Opa.
● Deine Mama sieht freundlich aus. Ist dein Papa sehr sportlich?
■ Ja, mein Papa liebt Radfahren. Hier ist mein Opi, er ist cool. Er mag Computerspiele.
● Meine Großeltern sind auch lustig.
Und das – voll süß dein Kaninchen. Wie alt bist du hier?
■ Ich glaube, vier Jahre.
● Und wie alt sind deine Geschwister jetzt?
■ Meine Schwester ist jetzt 16 Jahre alt. Sie ist sehr schlau. Mein Bruder ist zehn.
● Ich habe nur einen Bruder. Er ist 15 Jahre alt und ich finde, er ist faul. Er nervt.

b Lest den Dialog. Achtet auf die Formen *mein/dein* und *meine/deine*. Wann benutzt man welche? Ergänzt sie.

Denk nach!				
ich	**mein** Vater/Papa	**mein** Kaninchen	_____ Mutter/Mama	**meine** Eltern
du	**dein** Vater/Papa	_____ Kaninchen	_____ Mutter/Mama	_____ Eltern

c Lest den Dialog noch einmal. Wie werden die Familienmitglieder beschrieben? Schreibt im Heft.

die Mama: freundlich
der Papa:

3 Familien beschreiben

Sprecht über eure Familien. Bringt dafür Fotos mit oder zeichnet ein Bild. Fragt und antwortet abwechselnd.

Das lerne ich: Über Familien sprechen • einen Text über Familie verstehen • ein Familienfoto beschreiben • über Berufe von Eltern sprechen • über Traumberufe sprechen • Stimmungen in der Sprache erkennen

6 Ist das deine Familie?

4 Familie auf der ganzen Welt

a Seht die Weltkarte an. In welchen Ländern leben Sophias und Pauls Familie?

 b Eine Gruppe liest Sophias, die andere Gruppe Pauls Text. Überprüft eure Vermutung.

die Großeltern

der Onkel und die Tante

die Welt

die Cousine

der Cousin

Sophia (12 Jahre)

A Sophia, ihre Eltern und ihre Geschwister wohnen in Mainz, in Deutschland. Aber Sophia hat Familie auf der ganzen Welt.
Ihre Mutter hat eine Schwester und einen Bruder. Das sind ihre Tante und ihr Onkel. Sie leben in Italien. Sie haben zwei Kinder. Sie sind schon groß. Das sind Sophias Cousin Jona und ihre Cousine Alina. Ihre Cousine Alina lebt in Argentinien. Ihr Cousin Jona reist um die ganze Welt. Jetzt ist er in Indonesien. Sophias Großeltern wohnen in Kanada. Sie sind Rentner.

Paul (10 Jahre)

B Paul, seine Eltern und seine Geschwister wohnen in Mainz, in Deutschland. Aber Paul hat Familie auf der ganzen Welt.
Seine Mutter hat eine Schwester und einen Bruder. Das sind seine Tante und sein Onkel. Sie leben in Italien. Sie haben zwei Kinder. Sie sind schon groß. Das sind Pauls Cousin Jona und seine Cousine Alina. Seine Cousine Alina lebt in Argentinien. Sein Cousin Jona reist um die ganze Welt. Jetzt ist er in Indonesien. Pauls Großeltern wohnen in Kanada. Sie sind Rentner.

A Wo lebt Sophias Familie? Ergänzt.
In Deutschland: _ihre Eltern und ihre_ _____
In Kanada: _ihre_ _____
In Italien: _____ _____ und _____ Onkel
In Argentinien: _____ _____
In Indonesien: _____ _____

B Wo lebt Pauls Familie? Ergänzt.
In Deutschland: _seine Eltern und seine_ _____
In Kanada: _seine_ _____
In Italien: _____ _____ und _____ Onkel
In Argentinien: _____ _____
In Indonesien: _____ _____

c Vergleicht eure Ergebnisse. Welche Unterschiede fallen euch auf?

d Habt ihr Familie in anderen Ländern oder Städten? Berichtet, wer wo lebt!

5 Ich und meine ...

a Hört das Lied und lest mit.

Ich und meine Hündin
Du und deine Hündin
Er und seine Hündin
Sie und ihre Hündin
Es und seine Hündin

Ich und meine Giftschlange ...

Ich und mein Haus
Du und dein Haus
Sie und ihr Haus
Er und sein Haus

Sehen nicht gleich
aus, aber wohnen
auf der gleichen Welt

b Lest den Liedtext und ergänzt die Possessivartikel für *ich*, *du*, *er/es* und *sie*.

Denk nach!

Possessivartikel

	der Hund	**das** Haus	**die** Hündin
ich	mein	___	___
du	dein	___	___
er/es	sein	___	___
sie	ihr	___	___

c Wie geht es weiter? Hört zu. Ergänzt danach die Possessivartikel für *wir*, *ihr*, *sie* und *Sie*.

Wir und unser Haus
Ihr und euer Haus
Sie und ihr Haus

Sehen nicht gleich aus,
aber wohnen auf der gleichen Welt

Wir und unsere Welt
Ihr und eure Welt
Sie und ihre Welt
Sehen nicht gleich aus und sind doch
die gleiche Welt

	der Hund	**das** Haus	**die** Welt
wir	unser	___	___
ihr	euer	___	eure
sie	ihr	___	___
Sie	Ihr	Ihr	Ihre

Tipp

Lernt die Possesivartikel mit den Personalpronomen und einem Nomen!

d Phonetik: Hört zu und sprecht nach. Achtet auf die Endung *-e*.

Mein Familie
Meine Tante, meine Cousine und ich,
wir reisen um die ganze Welt.

Man spricht die Endung *-e* schwach. Aber man muss es hören können.

6 Ich und meine, du und deine

Wählt ein Thema, z. B. Tiere, Familie, Schule oder ...
Schreibt eigene Strophen für das Lied in **5** mit vielen Possessivartikeln.
Präsentiert eure Strophen. Die anderen machen passende Bewegungen.

Ich ... meine ...

6 Ist das deine Familie?

7 Familienfotos

a Was macht ihr gern mit eurer Familie? Sammelt gemeinsam.

kochen   *im Garten arbeiten*   *Lagerfeuer machen*   *wandern gehen*   *Filme sehen*

Spiele spielen   *Picknick machen*   *ins Kino gehen*   *...*

b Elias beschreibt ein Familienfoto. Hört und vergleicht mit dem Foto. Wer ist Elias?

Ich bin Elias. Ich gehe gern mit meiner Familie wandern. Auf dem Foto wandern wir in Österreich. Links bin ich.
In der Mitte steht mein Vater.
Hinten in der Mitte ist mein Bruder.
Rechts ist meine Schwester.
Vorne rechts steht meine Mutter.

c Schaut die zwei Fotos an. Hört dann Kims Beschreibung. Welches Foto passt?

d Das zweite Foto: Eine/-r wählt eine Person auf dem zweiten Foto, verrät sie aber nicht. Die/Der andere rät, welche Person das ist.

> Bist du *hinten* auf dem Foto?   Nein.   Bist du *in der Mitte*?   ...

8 Ein Standbild

Bringt Familienfotos mit oder zeichnet Fantasie-Familien. Ein/-e Schüler/-in eurer Gruppe wählt ein Bild aus und beschreibt die Positionen der Familienmitglieder.
Die anderen sehen das Bild nicht und stellen es nach.

> Maria steht vorne. Ihre Mutter ist ...

6

9 Was ist denn hier los?

a Seht das Bild an und hört den Dialog. Wie spricht die Mutter? Wie spricht Ronja?

freundlich   müde   ärgerlich

b Hört noch einmal und ergänzt den Dialog.

- Kinder, gehen wir schwimmen? Was ist denn hier los? Ronja, ist das _____ Gitarre?
- Nein, das ist Tariks Gitarre. _____ Gitarre ist da vorne.
- Und der Ball? Ist das auch Tariks Ball?
- Nein, das ist Papas Ball. Tariks Ball ist da unten.
- Aha, und wo ist Tariks Schwimmtasche?
- Tariks Schwimmtasche? Ich weiß es nicht.
- Du weißt es nicht! Und wo ist Tarik?
- Mama, ich weiß es nicht.

Ronjas Zimmer

c Lest den Dialog noch einmal und ergänzt die Lücken.

Denk nach!	Possessives -s	
	Die Gitarre von Tarik → Tarik**s** Gitarre	Namen, die mit *s, x, z* enden, bekommen einen Apostroph: Jonas', Max', Moritz'.
	Die Gitarre von Ronja → Ronja_ Gitarre	
	Der Fußball von Papa → _____ Fußball	

d Spielt Dialoge. Fragt immer freundlich. Antwortet mit verschiedenen Emotionen.

die Uhr
Sarah

der Rucksack
Eva

das Handy
Oma

das Heft
Leon

das Foto
Jonas

die Brille
Opa

die Schere
Papa

die Katze
Marie

Ist das Sarahs Uhr?   *Ja, das ist Sarahs Uhr.*

6 Ist das deine Familie?

10 Berufe in der Familie

a Hört das Gespräch. Welche Berufe kommen vor? Kreuzt an.

die Köchin

die Schauspielerin

die Sängerin

der Fotograf

der Pilot

der Hausmann

die Architektin

der Erzieher

der Ingenieur

b Berufe: Ergänzt die fehlenden Formen für Männer und Frauen.

Männer	Frauen	Männer	Frauen
der Sänger	die Sänger**in**	der Architekt	die _____
der Koch	die Köch__	der _____	die Fotografin
der Schauspieler	die _____	der _____	die Hausfrau
der _____	die Pilotin	der _____	die Erzieherin
		der _____	die Ingenieurin

c Phonetik: Hört zu und markiert den Wortakzent, lang _ oder kurz •.

A	B	C
Koch	Schau•spie•ler	Fo•to•gra•fin
Pi•lot	Pi•lo•tin	Schau•spie•le•rin
In•ge•nieu•rin	Ar•chi•tekt	Er•zie•he•rin

d Ihr hört je ein Wort aus der Gruppe A, B oder C. Welches Wort hört ihr?

e Probiert es selbst aus.

la LA la   *Das ist Pi LO tin.*

70 *siebzig*

11 Traumberufe von 15-Jährigen

a Seht die Fotos an. Ordnet die passenden Berufsbezeichnungen zu.

- ☐ die Lehrerin
- ☐ die Ärztin
- ☐ die Informatikerin
- ☐ der Informatiker
- ☐ der Automechaniker
- ☐ die Automechanikerin
- ☐ die Erzieherin
- ☐ der Polizist
- ☐ der Lehrer
- ☐ die Polizistin
- ☐ der Tierarzt
- ☐ die Tierärztin

b Hört zu und kontrolliert eure Ergebnisse.

c Klassenstatistik: Was sind eure Top 10 Traumberufe? Fragt reihum. Sammelt die Berufe an der Tafel.

Sportlerin/Sportler: III
Tierärztin/Tierarzt: I
...

> Was ist dein Traumberuf?

> Ich kann gut singen. Mein Traumberuf ist Sänger.

> Was ist dein …?

> Mein Hobby ist Sport. Mein Traumberuf ist Sportlerin.

> Welcher Beruf ist eure Nummer 1?

12 Informationen erfragen und geben

Wählt abwechselnd Kärtchen. Stellt zwei bis drei Fragen dazu. Die/Der andere antwortet.

Mutter	Vater	Schwester
Großeltern	Haustier	Bruder
Tante	Onkel	

Was sind deine Eltern von Beruf?
Was macht/machen dein/-e … gern?
Wo wohnt/wohnen dein/-e …?
Wie heißt/heißen dein/-e …?
Wie alt ist/sind …?
Hast du ein Haustier?

6 Ist das deine Familie?

13 Wer ist wer?

a Seht das Bild an. Was glaubt ihr, was spielen Emma und ihre Freundin Clara?

Lippenlesen

Wer ist wer?

Pantomime

Montagsmaler

b Schaut den Vlog bis 01:58.
Ist eure Vermutung richtig?
Was spielen sie? Wer gewinnt?

c Emma hat eine Idee für eine Challenge.
Schaut euch das Bild an.
Welches Spiel aus **a** passt?

d Lest zuerst die Sätze. Schaut dann den Vlog ab 01:54. Kreuzt an.

Emma sagt …	Mutter.	Butter.	Männer.
Clara sagt …	Bingo.	Rentnerin.	Sängerin.
Emmas Traumberuf ist …	Lehrerin.	Ärztin.	Köchin.
Claras Traumberuf ist …	Rentnerin.	Lehrerin.	Ärztin.

e Lippenlesen: Wie geht das Spiel? Bringt die Spielanleitung in die richtige Reihenfolge.

1
Personen: zwei
Zeit: fünf Minuten

Überleg ein Wort.

Der Partner / Die Partnerin rät das Wort

Sprich das Wort stumm, beweg die Lippen deutlich

Richtig? Ein Punkt!

f Spielt selbst Lippenlesen: Einigt euch zuerst auf ein Themenfeld. Überlegt dann ein Wort aus dem Themenfeld, sprecht es stumm, aber bewegt die Lippen deutlich.
Eure Partnerin / Euer Partner versucht, das Wort zu erraten.

Berufe • Familie • Tiere • Schulsachen

Das kann ich jetzt

Über Familien sprechen

Wer ist das?	Das ist meine Schwester / mein Bruder.
Sie/Er sieht freundlich aus.	
Wie heißt sie/er?	Sie/Er heißt …
Wie alt …?	Sie/Er… ist … Jahre alt.

Ein Familienfoto beschreiben

Wer ist da links auf dem Bild?	Links bin ich.
Wer ist in der Mitte?	In der Mitte steht mein Vater.
Wer ist da vorne rechts?	Das ist meine Tante.
Wer ist da hinten rechts?	Da hinten stehen meine Brüder.

Über Berufe sprechen

Was ist dein Vater von Beruf?	Mein Vater ist Koch.
Was ist deine Mutter von Beruf?	Meine Mutter ist Köchin.
Was ist dein Traumberuf?	Ich kann gut singen. Mein Traumberuf ist Sängerin.

Außerdem kann ich …
- einen Text über Familie verstehen

Phonetik
- Endungen *-er* und *-e* schwach sprechen

Grammatik kurz und bündig

Possessivartikel Nominativ

	der Vater	das Kind	die Mutter	die Eltern
ich	mein	mein	meine	meine
du	dein	dein	deine	deine
er/es	sein	sein	seine	seine
sie	ihr	ihr	ihre	ihre
wir	unser	unser	unsere	unsere
ihr	euer	euer	eure	eure
sie/Sie	ihr/Ihr	ihr/Ihr	ihre/Ihre	ihre/Ihre

Possessives -s

Die Gitarre von Tarik → Tariks Gitarre   Die Gitarre von Ronja → Ronjas Gitarre
Namen, die mit *s, x, z* enden bekommen einen Apostroph → Max' und Moritz'

Berufe für Männer und Frauen

der Lehrer • die Lehrerin   der Polizist • die Polizistin   der Hausmann • die Hausfrau

7 Was kostet das?

die Zeitung, -en

die Zeitschrift, -en

der Kaugummi, -s

die Postkarte, -n

der Comic, -s

das Gummibärchen, -

der Keks, -e

der Schokoriegel, -

die Chips (Pl.)

das Eis

1 Am Kiosk

77 a Hört den Dialog. Was mögen Lisa und Thomas?

78 b Hört zu und sprecht nach. Zeigt die Sachen auf den Fotos.

c Was kauft ihr oft, manchmal, nie? Sprecht in der Klasse.

Kaufst du manchmal Chips?

Ich kaufe immer Chips.

Echt? Ich kaufe oft Eis und manchmal Chips.

immer

sehr oft

oft

manchmal

nie

2 Einkaufen

a Hört den Dialog weiter. Was kaufen Lisa und Thomas?

b Lest die Sätze 1–3 und hört den Dialog noch einmal. Was ist richtig?

1. Die Chips kosten
   ☐ 2 Euro 50.
   ☐ 3 Euro 50.

2. Die Kaugummis kosten
   ☐ 50 Cent.
   ☐ 70 Cent.

3. Der Schokoriegel kostet
   ☐ 1 Euro 20.
   ☐ 2 Euro 40.

c Lest den Dialog und kontrolliert eure Ergebnisse.

● Guten Tag, wir hätten gern Chips. Was kosten die?
■ Die Chips kosten zwei Euro 50.
★ Zwei Euro 50? Die sind aber teuer. Und was kosten die Kaugummis?
■ Die kosten 50 Cent.
● Dann nehmen wir die.
★ Und Gummibärchen. Was kosten die Gummibärchen?
■ Die kosten 70 Cent und die 90 Cent.
★ Dann nehmen wir die da.
● Und noch einen Schokoriegel.
■ Gern. Noch etwas?
★ Nein, das ist alles. Was kostet das zusammen?
■ Der Schokoriegel kostet einen Euro 20. Das macht zusammen zwei Euro 40.
♦ Danke, tschüs.
■ Tschüs.

3 Phonetik: Preise sprechen

a Hört zu und sprecht nach.

1,50 €.	• kosten 1,50 €.	• Die Kaugummis kosten 1,50 €.
0,75 €.	• kosten 0,75 €.	• Die Gummibärchen kosten 0,75 €.
0,90 €.	• kostet 0,90 €.	• Der Schokoriegel kostet 0,90 €.
1,45 €.	• zusammen 1,45 €.	• Das macht zusammen 1,45 €.

b Fragt und antwortet.

> Was kostet der Comic?

> Der Comic kostet …

Das lerne ich: Etwas auswählen und kaufen • Wünsche äußern • über Preise sprechen und Preise vergleichen • sagen, was man gut / nicht gut findet • eine Wunschliste schreiben • über Taschengeld sprechen • drei Lesestrategien anwenden

7 Was kostet das?

4 Ich hätte gern …

a Lest die Sätze 1–4. Hört zu und kreuzt an, richtig oder falsch.

　　　　　　　　　　　　　　　　　　　　　　Richtig　　Falsch

1. Das Mädchen kauft zwei Schokoriegel.
2. Das Mädchen kauft einen Comic.
3. Sie bezahlt 4 Euro.
4. Die Verkäuferin gibt 65 Cent zurück.

b Hört zu. Was kauft Finn? Was macht der Verkäufer falsch?

5 Den da, das da oder die da

a Hört zuerst den Dialog und schaut das Bild an.
Lest den Dialog zu zweit.

● Was kostet der Comic da?
■ Der kostet zwei Euro.
● Und der da?
■ Einen Euro.
● Dann nehme ich den.
■ Das macht einen Euro.

b Notiert Preise zu den Dingen. Schreibt dann Dialoge wie in **a**.

der	die	das	die

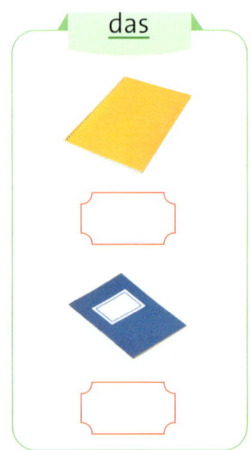

6 Phonetik: *ei*, *au*, *eu* und *äu*

a Hört zu und sprecht nach.

ei
Eins, zwei drei –
ich weiß den Preis.

au
Ich kaufe tausend
Kaugummis.

äu und *eu*
Der Verkäufer sagt:
„Neun Euro".

b Sammelt weitere Wörter mit *ei*, *au*, *eu*, *äu* im Kursbuch. Schreibt Sätze und lest sie laut.

7 Einkaufen im Klassenzimmer

a Was kann man bei euch an einem Kiosk kaufen? Arbeitet mit dem Wörterbuch und sammelt die Wörter an der Tafel.

Bei uns kann man am Kiosk Postkarten kaufen.

Bei uns kann man am Kiosk Postkarten und …

b Schreibt oder malt Karten wie in den Beispielen.

    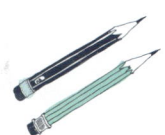

c Spielt mit euren Karten Dialoge in der Klasse.

Was kosten die?

Die kosten …

Guten Tag, ich hätte gerne …

Tut mir leid, das habe ich leider nicht.

7   Was kostet das?

8   Wünsche

a   Was möchtet ihr gern haben? Sammelt Wörter.
Das Wörterbuch oder das Internet helfen.

Wie heißt patinete auf Deutsch?

Moment, ich schau nach. Der Roller.

Ok, ich möchte gern einen Roller haben.

Echt? Ich nicht.

b   Hört den Dialog. Was möchten Jule und Tim? Kreuzt an.

       Jule   Tim
1. einen Hund haben
2. ein Computerspiel spielen
3. ein 3-D-Puzzle
4. ins Kino gehen
5. ein Pferdebuch
6. ein Fahrrad kaufen

c   Sprecht in der Klasse.

Jule möchte ...   *Tim möchte ....*   *Jule und Tim möchten ...*

d   Lest den Dialog. Ergänzt dann die Endungen von *möchte-*.

● Was möchtest du gern haben, Jule?
■ Ich möchte gern ein Fahrrad kaufen, du auch?
● Nein, ich habe ein Fahrrad. Ich möchte gern einen Hund.
■ Echt? Meine Schwester möchte auch einen Hund. Und was möchtest du noch?
● Dann möchte ich noch gern ins Kino gehen.
■ Das möchte ich auch. Dann können wir zusammen gehen.
● Super Idee!

Denk nach!

möchte-	Position 2		Ende
Ich	möcht __	...	kaufen.
Du	möcht __	...	(haben).
er/sie/es	möcht __		
wir	möchten		
ihr	möchtet		
sie/Sie	möchten		

e   Und ihr? Was möchtet ihr (haben)? Fragt euch gegenseitig.

Was möchtest du gern haben?   *Ich möchte ...*

9 Phonetik: ö

a Mundgymnastik:
Hört zu und sprecht nach.

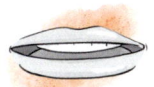 sehr

 schön

b Hört zu und markiert den Wortakzent. Ist der Vokal lang oder kurz?

schön • können • möchte • möglich • blöd

c Hört und sprecht nach.

Das ist schön. • Wir können gehen. • Das möchte ich nicht.
Das ist möglich. • Das ist blöd.

10 Meine Wunschliste

a Schreibt eine Wunschliste mit fünf Wünschen.

Meine Wünsche sind:
1. ein Fahrrad/Mountainbike
2. 2 Karten für ein Fußballspiel
3. Tischtennisschläger
4. ein Roller
5. eine Gitarre und Gitarre lernen

b Wie viel kosten die Dinge in Deutschland? Recherchiert die Preise im Internet.

c Vergleicht die Preise eurer Dinge in Deutschland und in eurem Land.

	Deutschland	bei uns
Mountainbike	250 bis 500 Euro	...
...		

Wie viel kostet ein Mountainbike in Deutschland?

350 bis 500 Euro.

Bei uns kostet es ... Das sind ... Euro.

Puh! Das ist nicht billig!

Ja, ich finde es auch sehr teuer.

7 Was kostet das?

11 Jugendliche und Geld
Lest den Zeitungsartikel. Kreuzt an, richtig oder falsch.

Taschengeld – das erste eigene Geld!

In Deutschland, Österreich und der Schweiz bekommen viele Jugendliche einmal pro Monat Taschengeld von den Eltern oder den Großeltern. Manchmal bekommen Jugendliche auch Geld zum Geburtstag oder zu Weihnachten.
Viele Jugendliche kaufen von dem Taschengeld Süßigkeiten, Eis, Zeitschriften und Comics. Einige Jugendliche kaufen auch Apps und Spiele für das Handy. Für Kino und Konzert und Bücher geben Jugendliche nicht viel Geld von ihrem Taschengeld aus. Viele Jugendliche bezahlen auch Schulsachen von ihrem Taschengeld.

Empfehlungen für das Taschengeld in Deutschland

10 Jahre:	15,50–18,00 Euro pro Monat	12 Jahre:	20,50–23 Euro pro Monat
11 Jahre:	18–20,50 Euro pro Monat	13 Jahre:	23–25,50 Euro pro Monat

	Richtig	Falsch
1. Viele Jugendliche bekommen Taschengeld zum Geburtstag.		
2. Die Eltern oder die Großeltern zahlen das Taschengeld.		
3. Die Jugendlichen geben ihr Geld gern für Süßigkeiten aus.		
4. Die Eltern bezahlen immer Hefte, Stifte und Bücher für die Schule.		

12 Meine Ausgaben

a Macht eine Ausgabenliste für einen Monat. Schreibt wie im Beispiel.

Süßigkeiten
Kino 1x
Comics
...

Ich kaufe oft Süßigkeiten. Ich gebe ungefähr/etwa ... pro Monat aus. Ich gebe viel Geld für Kino aus.
...

b Sprecht in der Klasse.

Wie viel Geld gibst du für ... aus?   Ungefähr ... pro Monat/Woche.
Kaufst du gern Süßigkeiten/Comics/...?   Ja, ich kaufe manchmal ...
                                             Nein, ich kaufe nie ...

13 Forum Taschengeld

> **Tipp**
>
> **Drei Lesestrategien**
>
>  **Global lesen – überfliegen:** Du liest schnell. Dich interessiert nur: Was ist das Thema? Möchte ich den Text genau lesen?
>
> **Selektiv lesen:** Du suchst Informationen. Beispiel „Taschengeld": Wer bekommt wie viel Taschengeld?"
>
>  **Genau lesen:** Du liest langsam. Du fragst: wer, wo, wann, was, wie viel …? Was verstehst du sofort? Was möchtest du nachschlagen?

a Globales Lesen: Überfliegt den Text. Thema? Wer schreibt? Wo findet ihr so etwas?

Schüler-Forum Taschengeld

Kuliku:	Hallo, Leute, eine Frage: Wie viel Taschengeld bekommt ihr? Für was gebt ihr es aus? Bitte euer Alter nennen!
Tiger ID:	Hi! Ich bekomme 8 Euro/Woche. Ich bin zufrieden! Ich bin 13.
Matteo16:	Ich bekomme nichts. Ich bin 16. Ich arbeite.
Tinky5:	Hi! Ich bin 14 und bekomme 20 €! Ich bekomme aber auch Geld von Oma und Opa, zum Beispiel zum Geburtstag meistens 50 € 😋.
DigDog:	Ich bin 13 und bekomme 15 € pro Monat! ☺ Davon kaufe ich Süßigkeiten, Spiele und gehe ins Kino. Ich bin zufrieden.
Fan4all:	Hallo! Ich bin 13. Ich bekomme 30 Euro im Monat und finde das echt viel. Ich habe aber nie Geld. Ich kaufe viele Spiele. Teuer!!! Ich gebe auch viel Geld für Kino aus.
keks05:	Ich bekomme 12 € im Monat, das ist nicht so viel, ich weiß. Aber für Süßigkeiten ist es genug. Kinokarten, Comics, Schulsachen, Kleidung bezahlen meine Eltern. Von Oma und Opa bekomme ich auch oft Geld. Ich bin 13.
Xyz:	Ich bin 13 und bekomme 50 € im Monat. Schulsachen, Handy usw. bezahle ich selbst.
jara:	Ich bin Schweizerin und bekomme 300 Franken. Aber ich muss alles zahlen: Kleidung, Schulsachen, Bus, Handy. Ich bin 17.
Win100:	Ich bekomme 15 € im Monat. Mein Vater ist Arzt. Ich helfe beim Putzen in der Praxis. Ich verdiene 8 € pro Stunde Das ist gut. Ich mache das einmal pro Woche.

b Selektives Lesen: Sucht Informationen, ergänzt die Sätze.
1. Die Jugendlichen sind ____ bis ____ Jahre alt.
2. Sie bekommen ____ Euro bis ____ Euro Taschengeld.

c Genaues Lesen: Jede/-r liest einen Abschnitt genau mit Wörterbuch: keks05 und Win100.

d Berichtet euch gegenseitig über eure Informationen in eurer Sprache.

7 Was kostet das?

13 Der 15 Euro-Test

a Ihr habt 15 Euro. Was kauft ihr mit euren Freunden für einen Sonntagnachmittag?

b Was ist ein „Späti"? Seht den Anfang bis 01:12 und sprecht in der Klasse. Gibt es bei euch auch „Spätis"?

c „Auf die Plätze, fertig, los!" – Was möchten Emma, Lisa und Paul machen? Was ist der „15 Euro-Test"?

d Was denkt ihr, was können die Jugendlichen für 15 Euro kaufen? Kreuzt an.

e Seht den Vlog weiter bis 02:30. Was kaufen sie wirklich? Und was kostet das?

f Nebenjobs. Lest den Informationstext. Eure Lehrerin / Euer Lehrer hilft.

Manche Jugendliche möchten Geld verdienen. Sie machen kleine Jobs. In Deutschland und der Schweiz können Jugendliche ab 13 Jahren Geld verdienen, in Österreich ab 15 Jahren. Sie dürfen aber nur leichte Arbeiten machen und die Eltern müssen dazu Ja sagen.

g Wie können Jugendliche ein extra Taschengeld verdienen? Sammelt Ideen und sprecht darüber in der Klasse.

h Wie verdient Ben Extrageld? Seht den Vlog bis zu Ende.

i Habt ihr einen Nebenjob? Schreibt Emma eine Antwort.

7

Das kann ich jetzt

Etwas auswählen und kaufen
- ● Was möchtest du? ■ Ich hätte gern Kaugummis. ▲ Ich möchte zwei Schokoriegel.

der Stift	das Eis	die Schere

Ich hätte gern den da.	Ich möchte das da.	Ich nehme die da.

Wünsche äußern, über Preise sprechen und Preise vergleichen
- ● Ich möchte gern ein Tablet. ■ Meine Schwester möchte einen Rucksack.
- ● Was kostet der Rucksack? ■ 89 Euro. ● Das ist (aber) teuer.

Über Taschengeld sprechen
- ● Wie viel Geld gibst du für Süßigkeiten aus? ■ Ungefähr 5 Euro pro Woche.
- ■ Kaufst du manchmal Eis? ● Ich kaufe oft Eis. ■ Ich kaufe immer Eis.

Außerdem kann ich ...
- eine Wunschliste schreiben
- drei Lesestrategien anwenden

Phonetik
- Diphonge *ei, au, eu, äu*
- *e* und *ö*

Grammatik kurz und bündig

Unregelmäßige Verbformen

Infinitiv	—	nehmen	geben	zurückgeben
ich	möchte	nehme	gebe	gebe ... zurück
du	möchtest	nimmst	gibst	gibst ... zurück
er/es/sie	möchte	nimmt	gibt	gibt ... zurück
wir	möchten	nehmen	geben	geben ... zurück
ihr	möchtet	nehmt	gebt	gebt ... zurück
sie/Sie	möchten	nehmen	geben	geben ... zurück

Wortstellung im Satz

	Position 2		Ende
Was	möchtest	du	(haben)?
Ich	möchte	Kaugummis	(haben).
Azra	möchte	ein Fahrrad	kaufen.
Ich	gebe	viel Geld	aus.

Fakten & Kurioses

1 Schule in Deutschland, Österreich und der Schweiz

 a Lest die Fragen und vermutet Antworten. Überlegt, wie ist es in eurem Land oder anderen Ländern, die ihr kennt. Notiert eure Vermutungen.

Was ist die beste Note in der Schweiz?

Haben Schülerinnen und Schüler in Deutschland samstags Unterricht?

Wie heißt der Schulabschluss am Gymnasium in Österreich?

Wann beginnt die Schule morgens in Österreich?

Wo sagt man *Kanti?*

In manchen Ländern ist die beste Note ein A.

In anderen Ländern sind es Zahlen, oder?

Stimmt, in Frankreich ist die beste Note 20, in den Niederlanden 10.

b Schülerinnen und Schüler stellen ihre Schulen vor. Schaut die drei Plakate an. Welche Wörter kennt ihr? Was versteht ihr?

A

26 Kantone gibt es in der Schweiz.

Sekundarschule = Sek
Gymnasium = Gymi oder Kanti

Noten im Zeugnis

Hier sind wir im Unterricht.

SCHULE IN DER SCHWEIZ

Politik: Die 26 Kantone machen eigene Schulpolitik. Die Regeln sind in Zürich anders als in Luzern oder in Appenzell.

Schultypen: Primarschule (6 Jahre) → dann Sekundarschule I → dann Sekundarschule II (Gymnasium)

Schulabschluss am Gymnasium: Matura

Schüler/innen gesamt: circa 950.000, pro Klasse circa 19

Noten: Es gibt 1 bis 6. Die beste Note ist 6 😀, Die schlechteste Note ist 1. 😢

Schulbeginn: meistens 7:30 Uhr, spätestens 8:00 Uhr

Am Wochenende ist frei.

Regelungen in einigen Kantonen können anders sein als die Angaben auf dem Plakat.

B Unsere Schule in Deutschland

Politik: Die 16 Bundesländer machen eigene Schulpolitik. Die Regeln sind in München anders als in Hamburg oder in Berlin[1].

Schultypen: Grundschule (4 Jahre)[2] → dann Hauptschule oder Realschule oder Gesamtschule oder Gymnasium

Schulabschluss am Gymnasium: ABITUR

Schüler/innen gesamt: circa 11 Millionen, pro Klasse circa 24

Noten 1 bis 6: beste Note ist 1, schlechteste Note 6

Schulbeginn: zwischen 7 und 8 Uhr, am Wochenende frei

Das sind wir.

16 Bundesländer

[1] Regelungen können in einigen Bundesländern anders sein als Angaben hier.
[2] In Berlin und Brandenburg 6 Jahre.

C Schule in Österreich

Schulabschluss am Gymnasium

- **Politik:** In Österreich gilt die gleiche Schulpolitik für alle Schulen in allen Städten.
- **Volksschule** (4 Jahre) → dann Neue **Mittelschule** oder **Gymnasium**
- **Schüler/innen gesamt:** circa 1,1 Millionen, pro Klasse circa 22
- **Noten 1–5:** 1 ist die beste Note, 5 ist die schlechteste Note
- **Schulbeginn am Morgen:** 7:50 Uhr[1]
- **Wochenende:** frei

[1] Regelungen an einzelnen Schulen können anders sein.

Unsere Deutschlehrerin und wir

89 🔊 **c** Hört zu. Welches Plakat ist von welchen Schülerinnen und Schülern? Tragt ein: 1, 2 und 3.

Plakat	A	B	C
Audio			

d Lest die Plakate. Überprüft eure Vermutungen aus a. Was habt ihr erwartet? Was hat euch überrascht?

e Wählt eine Info auf den Plakaten (z. B. Schulbeginn). Vergleicht die Schulen in Deutschland, Österreich und der Schweiz mit eurem Land. Wie findet ihr das?

In der Schweiz beginnt die Schule um 7:30 Uhr.

Das finde ich früh!

Bei uns beginnt die Schule um …

Das finde ich …

Fakten & Kurioses

2 Besondere Schulen

a Seht die drei Karten an. Sucht diese Orte auf einer großen Karte.

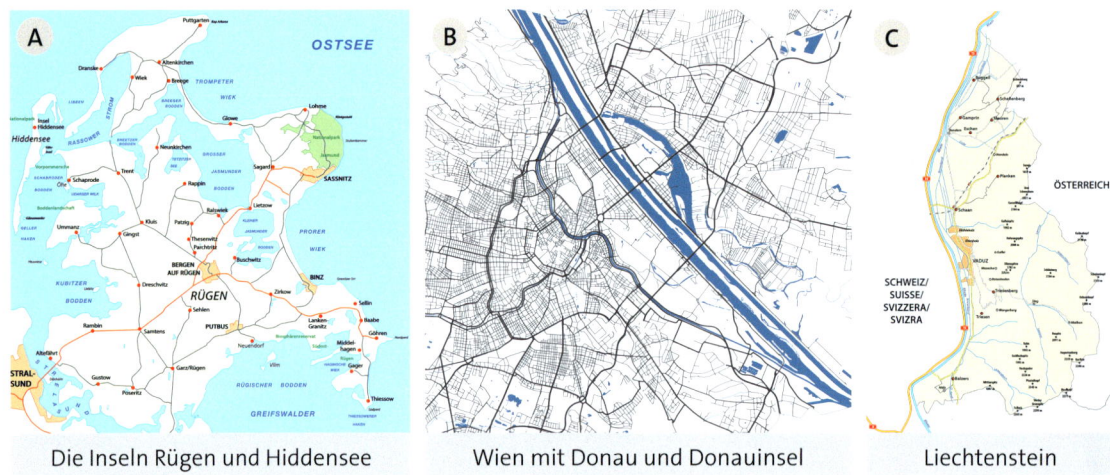

Die Inseln Rügen und Hiddensee   Wien mit Donau und Donauinsel   Liechtenstein

b Lest die Texte auf Seite 87. Welcher Text passt zu welcher Karte?

c Lest die Überschriften. Welche passt zu welchem Text?

Schwimmunterricht im Hotelpool

SCHULE AUF EINEM SCHIFF

EIN GYMNASIUM FÜR EIN GANZES LAND

d Ihr plant eine Klassenfahrt zu einer der Schulen. Recherchiert die Webseiten der Schulen und sammelt interessante Infos.
Diskutiert in der Klasse: Welche Schule wollt ihr besuchen? Warum oder warum nicht?

Ich mag das Meer. Ich möchte nach Hiddensee.

Ich möchte nicht nach Hiddensee, die Schule ist sehr klein.

Projekt: Meine Schule! Deine Schule?

Gestaltet eine Präsentation eurer Schule als Plakat oder Film. Gestaltet sie so, dass Schülerinnen und Schüler aus Deutschland, Österreich oder der Schweiz sie verstehen.
Beantwortet zum Beispiel die Fragen:
Wo ist die Schule? • Wie groß ist die Schule? • Wie viele Schülerinnen und Schüler gibt es? • Wie viele Schülerinnen und Schüler gibt es pro Klasse? • Wie sind die Noten? • Was ist besonders?

Präsentiert euer Ergebnis in eurer Klasse.

DREI BESONDERE SCHULEN

Das Liechtensteinische Gymnasium

In Liechtenstein leben knapp 40.000 Menschen, circa 4.500 sind Schülerinnen und Schüler.
Das Schulsystem ist ähnlich wie in der Schweiz. Es gibt Primarschulen und Sekundarschulen.
Wer in Liechtenstein auf das Gymnasium geht, geht auf das Liechtensteinische Gymnasium in Schaan bei Vaduz. Wirklich! Es gibt nur dieses eine Gymnasium im Land. Circa 700 Schüler gehen hier zur Schule.

Das Schulschiff Bertha von Suttner

Die Donauinsel in Wien besuchen viele Menschen in der Freizeit. Aber sie ist auch Schulort: Hier liegt das Schulschiff „Bertha von Suttner". Es ist ein Gymnasium mit 900 Schülerinnen und Schülern. Im Schiff sind 36 Klassenzimmer und 19 weitere Unterrichtsräume. Im Unterricht schaut man auf die Donau oder die Donauinsel. Die Sporthalle ist in einem Container neben dem Hauptschiff.

Die Schule auf der Insel Hiddensee

Diese Schule ist auf der Insel Hiddensee, mitten in der Ostsee. Nur circa 60 Kinder besuchen sie. Alle Klassen sind klein, manchmal gibt es nur eine Schülerin oder einen Schüler pro Klasse.
Der Schwimmunterricht ist in einem Hotelpool. Auf Hiddensee gibt es kein Schwimmbad.

Wer Abitur machen will, muss auf ein Gymnasium auf Rügen oder in Stralsund. Das ist ein sehr langer Schulweg. Die Fahrt mit dem Schiff von Hiddensee nach Stralsund dauert über 2 Stunden.

Große Pause

1 Elfchen

a Hört das Elfchen und lest mit.

> Freizeit
> Freunde treffen
> zusammen Sport machen
> Wir haben viel Spaß.
> Super!

b Sammelt gemeinsam:
Welches Wort steckt in *Elfchen*?
Wie ist es aufgebaut?

> Ein Elfchen ist ein Gedicht.
> Es hat _____ Zeilen und _____ Wörter.

c Lest zuerst die Schritte. Schreibt dann euer eigenes Elfchen.

Schritt 1: Wählt ein schönes Thema aus (Freunde, Tiere, Hobbys, Familie, …).
Schritt 2: Sammelt Wörter zu diesem Thema.
Schritt 3: Wählt Wörter aus und beginnt mit dem Schreiben:
  Zeile 1: Thema: Was? (Nomen) oder Wie? (Adjektiv)
  Zeile 2: Was passt dazu? (Artikel + Nomen oder Nomen +Verb)
  Zeile 3: Was tun wir? (Verb + Nomen + …)
  Zeile 4: Wie findest du es? (ein Satz)
  Zeile 5: Zusammenfassendes Wort (Nomen oder Adjektiv)
Schritt 4: Prüft nochmal, geht die Checkliste durch.

> Wie schreibt man ein Elfchen?

Checkliste
- Fünf Zeilen ☐
- Elf Wörter ☐
- Adjektive für Gefühle ☐
- Verben für Aktivitäten ☐

d Präsentiert eure Elfchen mit Emotionen: glücklich, traurig …

2 Glücksrad

Bildet Teams. Die/Der Jüngste beginnt, wählt eine Farbe und dreht dann den Stift. Sie/Er löst die Aufgabe. Ist die Antwort richtig, gewinnt das Team 10 Punkte. Stoppt der Stift auch auf der gewählten Farbe, gibt es 5 Bonuspunkte.

aktiv Hier spielen alle Teams. Die Gewinner der Runde bekommen 10 Punkte.

Wortliste

Die alphabetische Wortliste enthält alle neuen Wörter aus *prima* A1.1 mit Angabe der Einheit, der Aufgabe und der Seite, wo sie zum ersten Mal vorkommen (1/4a/10). Wörter aus der Doppelseite *Deutsch?!*, aus den Aufgabenstellungen sowie grammatische Begriffe, Länder- und Städtenamen sind nicht erfasst. Bei den Nomen stehen der Artikel und die Pluralform (Stadt, die, -ä-e). Bei Wörtern, die entweder nur im Singular oder Plural vorkommen, steht *nur Sg.* oder *nur Pl.* Bei Verben mit Vokalwechsel, bei trennbaren und bei unregelmäßigen Verben steht neben dem Infinitiv auch die 3. Person Sg. Präsens (fahren, sie/er fährt).
Ein • oder ein _ zeigt den Wortakzent. • kurzer Vokal (langweilig), _ langer Vokal (aber). **Fett** gedruckte Wörter sind Lernwortschatz. Der Lernwortschatz jeder Einheit steht auch auf der Seite *Meine Wörter* im Arbeitsbuch. Diese Seiten sind abgekürzt: Fakten & Kurioses = FK, Kleine Pause = KP, Große Pause = GP.

A

ab   7/14f/81
Abend, der, -e   4/9a/50
abends   4/9a/50
aber   2/2a/19
abholen, sie/er holt ab   5/5a/58
Abitur, das, meist Sg.   FK/1b/85
ach so   2/11c/23
Actionfilm, der, -e   5/4b/57
Ade!   1/4a/10
Adieu!   1/4a/10
Adresse, die, -n   1/8a/13
Afrika   3/3a/29
AG, die, -s (Arbeitsgemeinschaft)   4/3d/46
ähnlich   FK/2b/87
Ähnlichkeit, die, -en   3/11a/35
Akrobatik, die, nur Sg.   5/3a/56
aktiv   4/9a/50
Aktivität, die, -en   GP/1c/88
alle   4/8a/49
alles   7/2c/75
Alphabet, das, -e   1/7a/12
als   FK/1b/84
alt   3/1a/28
Alter, das, nur Sg.   5/3b/56
am   4/4b/47
an   2/6a/21
anders   FK/1b/84
anfangen, sie/er fängt an   5/5a/58
Angabe, die, -n   FK/1b/84
Anmeldung, die, -en   1/8a/13
anschauen, sie/er schaut an   3/11a/35
Antarktis   3/3a/29
Apostroph, der, -e   6/9c/69
App, die, -s   7/11/80
Arbeit, die, -en   7/14f/81
arbeiten   6/7a/68
Arbeitsgemeinschaft, die, -en   4/3d/46
Architekt, der, -en   6/10b/70
Architektin, die, -nen   6/10a/70
ärgerlich   6/9a/69
Arzt, der, -ä-e   6/11a/71
Ärztin, die, -nen   6/11a/71
Asien   3/3a/29
Assoziation, die, -en   5/4e/57
auch   1/9a/13
auf (dem Foto)   6/7b/68
auf Deutsch   2/4a/19
Auf Wiedersehen!   1/4a/10
aufnehmen, sich, sie/er nimmt sich auf   2/15f/26

aufschreiben, sie/er schreibt auf   2/15f/26
aufstehen, sie/er steht auf   5/5a/58
aus   1/2a/9
ausgeben, sie/er gibt aus   7/11/80
aussehen, sie/er sieht aus   6/2a/65
Austauschklasse, die, -n   1/11a/15
Australien   3/3a/29
auswählen, sie/er wählt aus   GP/1c/88
Automechaniker, der, -   6/11a/71
Automechanikerin, die, -nen   6/11a/71

B

Ball, der, -ä-e   3/10a/34
Ballett, der, nur Sg.   2/6a/21
Band, die, -s   2/6a/21
Basketball (Sport)   1/10a/14
basteln   5/1a/54
Beginn, der, -e   4/5a/48
beginnen   4/1a/44
bei uns   7/7a/77
beim: bei dem   3/11a/35
Beispiel, das, -e   7/13/81
bekommen   7/11/80
Berg, der, -e   FK/1e/39
Beruf, der, -e   6/11c/71
besonders   FK/Projekt/86
beste   4/9a/50
besuchen   5/2a/55
Betreff, der, -e   4/8a/49
bewegen   6/13e/72
bezahlen   7/4a/76
bieten   FK/1e/39
Bild, das, -er   3/9c/34
billig   7/10c/79
Bingo.   6/13d/72
Biologie/Bio (Schulfach), die, nur Sg.   2/1a/18
blau   3/11a/35
bleiben   4/8a/49
Bleistift, der, -e   2/12a/24
blöd   2/4a/19
Blog, der, -s   5/3a/56
bloggen   4/3b/46
Bloggen, das, -   5/3a/56
brauchen   KP/3/43
braun   3/11a/35
Brille, die, -n   2/12a/24
Brotdose, die, -n   2/12b/24
Bruder, der, -ü-   6/1a/64
Buch, das, -ü-er   2/12b/24
Bundesbahn, die, -en   FK/2/40

Bundesland, das, -ä-er   FK/1b/85
Buntstift, der, -e   2/12b/24
Bus, der, -se   7/13a/81
Butter, die, -   6/13d/72

C

Capoeira machen   5/3a/56
Cent, der, -s   7/2b/75
chatten   4/3b/46
Checkliste, die, -n   GP/1c/88
Chefin, die, -nen   3/13a/36
Chemie (Schulfach), die, nur Sg.   4/3d/46
chillen   4/3b/46
Chinesisch-AG, die, -s   4/5a/48
Chips, die, nur Pl.   7/1b/74
circa   FK/2/40
Comic, der, -s   7/1b/74
Computer, der, -   3/10a/34
Computerspiel, das, -e   1/11a/15
Container, der, -   FK/2b/87
cool   6/2a/65
Cousin, der, -s   6/4b/66
Cousine, die, -s   6/4b/66

D

da   2/9b/22
Danke   1/9a/13
dann   1/7a/12
das   1/7c/12
Das macht ... Euro.   7/2c/75
Das macht nichts.   5/12a/61
dauern   FK/2b/87
dazu   7/14f/81
dein/e   2/11c/23
denn   6/9b/69
deutlich   6/13e/72
Deutsch (Schulfach), das, nur Sg.   2/1a/18
Deutschland   1/3a/9
Deutschlehrerin, die, -nen   FK/1b/85
Deutschlernen, das, -   3/11a/35
Deutsch-Vlog, das, -s   1/1a/8
dich   5/5a/58
Dienstag, der, -e   4/3b/46
dir   1/9a/13
Donnerstag, der, -e   4/3b/46
dort   FK/1a/38
Drohne, die, -n   7/10a/79
du   1/1b/8
durchgehen, sie/er geht durch   GP/1c/88
dürfen, sie/er darf   7/14f/81

90 *neunzig*

E

echt 3/4b/30
eigen/e 7/11/80
eilig 1/4d/10
ein bisschen 5/10a/60
ein, eine 2/14a/25
einig/e 7/11/80
einkaufen, sie/er kauft ein 5/6b/59
einmal 7/11/80
Einwohner, der, - FK/2a/41
Eis, das, nur Sg. 7/1b/74
Elefant, der, -en FK/1e/39
Elfchen, das, - GP/1a/88
Eltern, die, nur Pl. 6/1b/64
Empfehlung, die, -en 7/11/80
Ende, das, -n 4/5a/48
enden 6/9c/69
Englisch (Schulfach), das, nur Sg. 2/1a/18
Entschuldigung. 4/1a/44
er 2/4b/19
Erzieher, der, - 6/10a/70
Erzieherin, die, -nen 6/10a/70
es 3/1a/28
Es geht so. 1/9b/13
etwa 7/12a/80
etwas 7/2c/75
euch 3/11a/35
euer/eure 6/5c/67
Eule, die, -n 4/9a/50
Euro, der, -s 7/2b/75
Europa 3/3a/29

F

Fach, das, -ä-er 2/2b/19
fahren, sie/er fährt 5/1a/54
Fahrrad, das, -ä-er 5/1a/54
Fahrt, die, -en FK/2b/87
Familie, die, -n 6/2a/65
Familienaktivität, die, -en 5/2a/55
Farbe, die, -n 3/11c/35
faul 6/2a/65
fernsehen, sie/er sieht fern 5/5a/58
Feuerwehr, die, meist Sg. 2/Projekt/23
Film, der, -e 5/3a/56
finden 4/9a/50
Fisch, der, -e 3/1a/28
fit 4/9a/50
Flagge, die, -n FK/2a/41
Foto, das, -s 5/1a/54
Fotograf, der, -en 6/10a/70
Fotografin, die, -nen 6/10b/70
Frage, die, -n 5/7/59
fragen 7/13a/81
Franken, der, - 7/13a/81
Französisch (Schulfach), das, nur Sg. 4/3b/46
Frau (Anrede) 1/4a/10
Frau, die, -en 6/10b/70
frei / frei haben 4/3c/46
Freitag, der, -e 4/3b/46
freiwillig 4/3d/46

Freizeit haben 4/3c/46
Freizeit, die, nur Sg. 4/3c/46
Freund, der, -e 2/5a/20
Freundin, die, -nen 2/5a/20
freundlich 6/2a/65
Frisbee spielen 3/7a/32
fröhlich 1/4d/10
früh 4/9a/50
Frühaufsteher, der, - 4/9a/50
für 4/8c/49
Fußball (Sport) 1/10a/14
Fußball, der, -ä-e 3/5/31
Fußballspiel, das, -e 7/10a/79
füttern FK/1a/38

G

ganz 5/11a/61
Garten, der, -ä 6/7a/68
Gassi gehen 4/3b/46
Gastschüler, der, - 1/1a/8
Gastschülerin, die, -nen 1/1a/8
geben, es gibt 7/83
Geburtstag, der, -e 7/11/80
Gedicht, das, -e GP/1b/88
Gefühl, das, -e GP/1c/88
gegen 4/9a/50
gehen 4/8a/49
gelb 3/11a/35
Geld, das, nur Sg. 7/11/80
gelten, sie/er gilt FK/1b/85
genau 7/13/81
genug 7/13a/81
Geografie (Schulfach), die, nur Sg. 2/1a/18
Geräusch, das, -e FK/1c/39
gern 2/5b/20
gern machen 5/1d/54
gesamt FK/1b/84
Gesamtschule, die, -n FK/1b/85
Geschichte (Schulfach), die, nur Sg 2/4a/19
Geschwister, die, Pl. 6/1b/64
Gesellschaftswissenschaften, die, Pl. (GeWi) 4/3d/46
Gewinner, der, - GP/2/89
Giftschlange, die, -n 6/5a/67
Giraffe, die, -n 3/3/29
Gitarre, die, -n 1/11a/15
glauben 3/3b/29
gleich 6/5a/67
global 7/13a/81
grau 3/11a/35
groß 3/12a/35
Großeltern, die, nur Pl. 6/1b/64
Grüezi! 1/4a/10
grün 3/11a/35
Grundschule, die, -n FK/1b/84
Grüß Gott! 1/4a/10
Gruß, der, -ü-e 4/8a/49
Gummibärchen, das, - 7/1b/74
gut 1/9a/13
gut 5/10a/60

Guten Morgen! 1/1b/8
Guten Tag! 1/1b/8
Gymnasium, das, -en FK/1b/84

H

haben, sie/er hat 3/4b/30
halb 4/2b/45
Hallo! 1/1b/8
Hamster, der, - 3/7f/32
Hamsterrad, das, -ä-er 3/8a/33
Handy, das, -s 2/12a/24
Handynummer, die, -n 2/11c/23
Hauptschiff, das, -e FK/2b/87
Hauptschule, die, -n FK/1b/84
Hauptstadt, die, -ä-e FK/2a/41
Haus, das, -ä-er 4/8a/49
Hausaufgabe, die, -n 4/1a/44
Hausaufgaben machen 4/1a/44
Hausfrau, die, -en 6/10b/70
Hausmann, der, -ä-er 6/10a/70
Haustier, das, -e 3/4b/30
Heft, das, -e 2/12b/24
heißen 1/1b/8
helfen, sie/er hilft 3/11a/35
Herr (Anrede) 1/4a/10
Herzlich willkommen! 1/1a/8
heute 2/5a/20
Hey! 1/5a/11
Hi! 1/1b/8
hier 1/11a/15
hinten 6/7b/68
hinzu 1/7a/12
HipHop, der, -s 1/10a/14
Hobby, das, -s 5/3a/56
hoch FK/1e/39
Hoi! 1/4a/10
hören 5/1a/54
Hotelpool, der, -s FK/2c/86
Hula Hoop, der/das, -s 1/12b/16
Hund, der, -e 3/1a/28
Hundesport, der, Sg. 3/7b/32
Hündin, die, -nen 6/5a/67

I

ich 1/1b/8
Ich hätte gern ... 7/7c/77
Idee, die, -n 7/8c/78
Ihnen 1/9a/13
ihr 2/5a/20
ihr/e 6/5b/67
ihr/e 6/5c/67
Ihr/e 6/5c/67
im: in dem 1/1a/8
immer 7/1c/74
in 1/2a/9
in der Mitte 6/7b/68
Informatik (Schulfach), die, nur Sg. 4/3b/46
Informatiker, der, - 6/11a/71
Informatikerin, die, -nen 6/11a/71
Information, die, -en 7/13a/81

Wortliste

Ingenieur, der, -e   6/10a/70
Ingenieurin, die, -nen   6/10b/70
Insel, die, -n   FK/1e/39
interessant   3/12a/35
interessieren   7/13/81
Internet, das, nur Sg.   5/3a/56
Internet-Domain, die, -s   FK/2a/41
Interview, das, -s   5/13b/62
interviewen   5/13b/62

J

ja   2/2a/19
Ja, gern.   5/7/59
Jahr, das, -e   3/1a/28
jede   4/4b/47
jedem   2/15f/26
jetzt   2/2a/19
Jiu-Jitsu, das, nur Sg.   5/13a/62
Job, der, -s   7/14f/81
Jugendliche, der, -n   5/2a/55
Jugendliche, die, -n   5/2a/55
Junge, der, -en   5/2a/55

K

Kamera, die, -s   2/15f/26
Kampfsport, der, nur Sg.   5/3a/56
Känguru, das, -s   3/3b/29
Kaninchen, das, -   3/5/31
Kanton, der, -e   FK/1b/84
Karotte, die, -n   3/12a/35
Karte, die, -n   7/10a/79
Katze, die, -n   3/1a/28
kaufen   7/1c/74
Kaugummi, der, -/-s   7/1b/74
Keine Ahnung.   2/5a/20
keinen, keine, kein   3/4c/30
Keks, der, -e   7/1b/74
kennen   3/11a/35
Kennzeichen, das, -   FK/2a/41
Kind, das, -er   6/4b/66
Kino, das, -s   5/5a/58
Kinokarte, die, -n   7/13a/81
Kiosk, der, -e   7/7a/77
klar   5/12a/61
Klasse, die, -n   2/6a/21
Klassenzimmer, das, -   FK/2b/87
Klassik, die, nur Sg.   1/10a/14
Klavier, das, -e   1/11a/15
Klavierunterricht, der, nur Sg.   5/8/59
Kleidung, die, Pl.   7/13a/81
klein   3/8a/33
klettern   5/10a/60
klingeln   4/1a/44
knapp   FK/2b/87
Koala, der, -s   3/5/31
Koch, der, -ö-e   6/10b/70
kochen   5/10a/60
Köchin, die, -nen   6/10b/70
kommen   1/2a/9
komplett   1/7a/12
können, sie/er kann   5/10a/60

Konzert, das, -e   7/11/80
kosten   7/2b/75
Krimi, der, -s   5/4b/57
Krokodil, das, -e   KP/1a/42
Kugelschreiber, der, -   2/12a/24
Kuh, die, ü-e   3/1c/28
Kuli, der, -s   2/12a/24
Kunst (Schulfach), die, nur Sg.   2/1a/18

L

Lagerfeuer, das, -   6/7a/68
Lama, das, -s   3/2a/29
Land, das, -ä-er   1/2a/9
lange   4/4b/47
langsam   7/13/81
Langschläfer, der, -   4/9a/50
langweilig   2/2a/19
Laptop, der, -s   2/12a/24
laut   3/8a/33
leben   6/4b/66
Lebenskunde, die, nur Sg.   4/3b/46
Lehrer, der, -   6/11a/71
Lehrerin, die, -nen   6/11a/71
leicht   7/14f/81
leider   7/7c/77
leidtun (Tut mir leid.)   7/7c/77
leise   1/4d/10
Lerche, die, -n   4/9a/50
lernen   2/5d/20
Lernen, das, -   4/3c/46
Lernkarte, die, -n   2/14b/25
lesen, sie/er liest   5/3a/56
Leute, die, Pl.   4/4a/47
lieb   3/12c/35
lieben   6/2a/65
Lieblingsfach, das, -ä-er   4/7c/49
Lieblingsfarbe, die, -n   3/11c/35
Lieblingsfoto, das, -s   FK/1d/39
Lieblingstag, der, -e   4/8a/49
Lieblingstier, das, -e   3/1a/28
liegen   FK/2b/87
Lineal, das, -e   2/12a/24
links   6/7b/68
Lippe, die, -n   6/13e/72
los sein   6/9b/69
Löwe, der, -n   FK/1a/38
Lust, die, nur Sg.   5/7/59
lustig   6/2a/65

M

machen   2/5a/20
Mädchen, das, -   5/2a/55
Mail, die, -s   1/8a/13
Mal   5/5a/58
Mama, die, -s   6/2a/65
man   1/7c/12
manche   7/14f/81
manchmal   7/1c/74
Mann, der, -ä-er   6/10b/70
Mathematik/Mathe (Schulfach), die,
   nur Sg.   2/1a/18

Matura, die, nur Sg.   FK/1b/84
Maus, die, -ä-e   3/1c/28
Medien, die, Pl.   5/2a/55
Meer, das, -e   FK/1e/39
Meerschweinchen, das, -   3/12a/35
mein, meine   2/5a/20
meistens   7/13a/81
Mensch, der, -en   FK/2b/87
Million, die, -en   FK/2/40
Minute, die, -n   4/4b/47
mir   4/8a/49
mit   3/7a/32
mitkommen, sie/er kommt mit   5/5a/58
mitmachen, sie/er macht mit   5/7/59
mitspielen, sie/er spielt mit   5/7/59
Mittag, der, -e   4/9a/50
mittags   4/9a/50
Mittagspause, die, -n   4/3b/46
mittanzen, sie/er tanzt mit   5/12c/61
Mitte, die, -n   6/7b/68
Mittelamerika   3/3a/29
Mittelschule, die, -n   FK/1b/85
mitten   FK/2b/87
Mittwoch, der, -e   4/3b/46
möchten, sie/er möchte   7/8a/78
mögen, sie/er mag   1/10b/14
möglich   7/9a/79
Moin moin!   1/4a/10
Moment, der, -e   7/8a/78
Monat, der, -e   3/8a/33
Montag, der, -e   4/3b/46
morgen   4/6a/48
Morgen, der, -   4/9a/50
morgens   4/9a/50
Mountainbike, das, -s   7/10a/79
Möwe, die, -n   FK/1a/38
müde   4/1a/44
Musik, die, nur Sg.   1/10b/14
müssen, sie/er muss   7/14f/81
Mutter, die, -ü-   6/1a/64

N

Na ja, es geht.   2/3a/19
nach   4/3c/46
Nachmittag, der, -e   4/9a/50
nachmittags   4/9a/50
Nachname, der, -n   1/8a/13
Nachricht, die, -en   5/3a/56
nachschauen, sie/er schaut nach   7/8a/78
nachschlagen, sie/er schlägt nach   7/13/81
Nacht, die, -ä-e   4/9a/50
nachts   4/9a/50
naja   1/10b/14
Name, der, -n   1/2a/9
Naturwissenschaften, die,
   Pl. (NaWi)   4/3d/46
nehmen, sie/er nimmt   7/2c/75
nein   2/2a/19
nennen   7/13a/81
nerven   6/2a/65
neu   2/2a/19

92 zweiundneunzig

nicht 1/10b/14
Nicht so gut. 1/9b/13
nichts 7/13a/81
nie 7/1c/74
noch 4/1a/44
Noch etwas? 7/2c/75
nochmal GP/1c/88
Nomen, das, Pl. Nomen/Nomina 1/11c/15
Nordamerika 3/3a/29
Note, die, -n FK/1a/84
Nummer, die, -n 6/11c/71
nur 2/5a/20

O

oder 1/10b/14
oft 7/1c/74
ohne 5/2a/55
Oma, die, -s 6/2a/65
Onkel, der, - 6/4b/66
Online-Schülerzeitung, die, -en 4/5a/48
Opa, der, -s 6/2a/65
Opi, der, -s 6/2a/65
Ort, der, -e FK/1a/38
Österreich 1/4a/10

P

Papa, der, -s 6/2a/65
Papagei, der, -en 3/5/31
Park, der, -s 5/3a/56
Partner, der, - 6/13e/72
Partnerin, die, -nen 6/13e/72
Party, die, -s 3/8a/33
passen FK/1c/39
passen zu (Dat.) 5/2a/55
Pause, die, -n 4/2e/45
perfekt 1/7a/12
Person, die, -en 5/4e/57
Pferd, das, -e 3/1a/28
Pferdebuch, das, -ü-er 7/8b/78
Physik (Schulfach), die, nur Sg. 4/3d/46
Picknick, das, -e/-s 6/7a/68
Pilot, der, -en 6/10a/70
Pilotin, die, -nen 6/10b/70
Pinguin, der, -e 3/1c/28
Plakat, das, -e FK/1b/84
Politik (Schulfach), die, nur Sg. 4/3d/46
Polizei, die, meist Sg. 2/Projekt/23
Polizist, der, -en 6/11a/71
Polizistin, die, -nen 6/11a/71
Pop 1/10a/14
posten 5/1a/54
Postkarte, die, -n 7/1b/74
Praxis, die, -en 7/13a/81
Preis, der, -e 7/6a/77
Prima. 5/7/59
Primarschule, die, -n FK/1b/84
pro 4/4b/47
Prozent, das, -e 5/2a/55
prüfen GP/1c/88
Punkt, der, -e 6/13e/72

Putzen, das, - 7/13a/81
Puzzle, das, -s 7/8b/78

R

Radfahren 1/10c/14
Radiergummi, der, -s 2/12a/24
Radio, das, -s 4/3b/46
raten, sie/er rät 6/13e/72
Reaktion, die, -en 5/7/59
Realschule, die, -n FK/1b/85
recht haben, sie/er hat recht 5/5a/58
rechts 6/7b/68
Regel, die, -n FK/1b/84
Regelung, die, -en FK/1b/84
reisen 6/4b/66
reiten 5/1a/54
Religion (Schulfach), die, nur Sg. 4/3d/46
Rentner, der, - 6/4b/66
Rentnerin, die, -nen 6/4b/66
richtig 2/15d/26
Robbe, die, -n FK/1a/38
Rock 1/10a/14
Roller, der, - 7/8a/78
Roman, der, -e 5/4b/57
rot 3/11a/35
Rucksack, der, -ä-e 2/12b/24
Runde, die, -n GP/2/89

S

Safari-Park, der, -s FK/1e/39
sagen 5/1d/54
Salat, der, -e 3/12a/35
sammeln GP/1c/88
Samstag, der, -e 4/3b/46
Samstagabend, der, -e 5/5a/58
Sänger, der, - 6/10b/70
Sängerin, die, -nen 6/10a/70
Satz, der, -ä-e 2/15f/26
Schach, das, -s 4/3b/46
schade 5/5a/58
schauen (auf) FK/2b/87
Schauspieler, der, - 6/10b/70
Schauspielerin, die, -nen 6/10a/70
Schere, die, -n 2/12a/24
Schiff, das, -e FK/2c/86
Schild, das, er 2/Projekt/23
Schildkröte, die, -n 3/4a/30
schlafen, sie/er schläft 4/10d/51
Schlagzeug, das, -e 5/1a/54
Schlange, die, -n 3/13b/36
schlau 6/2a/65
schlecht 1/9b/13
Schmetterling, der, -e 3/2a/29
schnell 3/7a/32
Schnellzug, der, -ü-e FK/2a/41
Schokoriegel, der, - 7/1b/74
schon 4/1b/44
schön FK/1b/39
schreiben 1/7c/12
Schulabschluss, der, -ü-e FK/1a/84

Schulbeginn, der, -e FK/1b/84
Schule, die, -n 1/8a/13
Schüler, der, - 2/6a/21
Schülerin, die, -nen 2/6a/21
Schüleraustausch, der, -e 1/8a/13
Schülerband, die, -s 2/6a/21
Schülerchat, der, -s 1/11a/15
Schüler-Forum, das, -en 7/13a/81
Schulort, der, -e FK/2b/87
Schulpolitik, die, -en FK/1b/84
Schulsache, die, -n 7/11/80
Schulschiff, das, -e FK/2b/87
Schulsystem, das, -e FK/2b/87
Schultyp, der, -en FK/1b/84
Schulweg, der, -e FK/2b/87
schwach 6/1c/64
Schwan, der, -ä-e FK/1a/38
schwarz 3/11a/35
Schweiz, die 1/4a/10
Schwester, die, -n 6/1a/64
Schwimmbad, das, -ä-er FK/2b/87
schwimmen 5/1a/54
Schwimmtasche, die, -n 6/9b/69
Schwimmunterricht, der, Sg. FK/2c/86
See, der, -n FK/1e/39
Seehund, der, -e 3/1a/28
sehen, sie/er sieht 5/3a/56
sehr 1/10b/14
sehr gut 1/9a/13
sein, sie/er ist 1/1b/8
sein/e 6/5b/67
Sekundarschule, die, -n FK/1b/84
Sekunde, die, -n 4/4b/47
selbst 7/13a/81
selektiv 7/13/81
senden 4/8a/49
Serie, die, -n 5/3a/56
Servus! 1/4a/10
shoppen gehen 5/1a/54
sie (3. pers. Pl.) 2/5c/20
sie (3. pers. Sg.) 2/5c/20
Sie (siezen) 1/5a/11
singen 6/11c/71
sitzen 2/15c/26
Skateboard, das, -s 5/1a/54
Skaten (Sport) 1/10a/14
Ski fahren, sie/er fährt Ski 5/4b/57
Smartphone, das, -s 2/12a/24
so 1/10b/14
sofort 7/13/81
Sonntag, der, -e 4/3b/46
sonst 5/2a/55
sortieren 4/3c/46
soziales Lernen (Schulfach) 4/3b/46
Sozialkunde (Schulfach) 4/8a/49
Spaghetti, die, - 5/10b/60
Spaß, der, nur Sg. 5/3a/56
spät/ zu spät 4/1a/44
spätestens FK/1b/84
Späti, der, -s 7/14a/81
Spiel, das, -e 6/7a/68
spielen 1/11a/15

dreiundneunzig 93

Wortliste

Spielstein, der, -e KP/3/43
Spinne, die, -n 3/4a/30
Spitzer, der, - 2/12a/24
Sport, der, nur Sg. 1/10b/14
Sporthalle, die, -n FK/2b/87
Sportler, der, - 6/11c/71
Sportlerin, die, -nen 6/11c/71
sportlich 6/2a/65
Sporttasche, die, -n 2/12b/24
Sportveranstaltung, die, -en 5/2a/55
Sprache, die, -n 5/3a/56
Sprachenlernen, das, - 5/3a/56
sprechen, sie/er spricht 5/3a/56
springen 3/7a/32
Stadt, die, -ä-e 1/2a/9
stark 3/12a/35
stecken GP/1a/88
stehen 7/7b/68
Stift, der, -e 3/10a/34
stimmen, es stimmt FK/1a/84
Strand, der, -ä-e FK/1e/39
Straße, die, -n 1/8a/13
stumm 6/13e/72
Stunde, die, -n 4/4b/47
Stundenplan, der, -ä-e 4/8a/49
suchen 7/13/81
Südamerika 3/3a/29
Süden, der, nur Sg. FK/1e/39
super 1/9a/13
surfen 4/3b/46
Surfen (Sport) 1/10a/14
süß 3/12a/35
Süßigkeiten, die, nur Pl. 7/11/80

T
Tablet, das, -s 2/12a/24
Tag, der, -e 4/4b/47
Tandem, das, -s 1/1a/8
Tandempartner, der, - 5/3a/56
Tandempartnerin, die, -nen 5/3a/56
Tante, die, -n 6/4b/66
tanzen 5/1d/54
Taschengeld, das, nur Sg. 7/11/80
Taube, die, -n 4/9a/50
Team, das, -s GP/2/89
telefonieren 4/2e/45
Tennis, das, nur Sg. 2/6a/21
teuer 7/2c/75
Text, der, -e 2/15f/26
Theater-AG, die, -s 4/5a/48
Thema, das, -en 2/15f/26
Tier, das, -e 3/10a/34
Tierarzt, der, -ä-e 6/11a/71
Tierärztin, die, -nen 6/11a/71
Tiger, der, - 3/1c/28
Tischtennis spielen 2/15c/26
Tischtennisschläger, der, - 7/10a/79
toll 3/1a/28
top 4/9a/50
total 4/9a/50
Trampolin, das, -e 1/12b/16

Traumberuf, der, -e 6/11c/71
traurig 1/4d/10
treffen, sie/er trifft 5/1a/54
Tschüs! 1/4a/10
tun GP/1c/88
Typ, der, -en 4/9a/50

U
üben 2/15f/26
überfliegen 7/13/81
überlegen 6/13/72
überraschen FK/1d/39
Uhr, die, -en 2/14c/25
um 4/1a/44
und 1/1b/8
ungefähr 7/12a/80
unser/e 6/5c/67
unten 6/9b/69
Unterricht, der, nur Sg. 4/4b/47
Unterrichtsraum, der, -ä-e FK/2b/87
Unterrichtsstunde, die, -n 4/4b/47
Urlaub, der, -e FK/1a/38

V
Vater, der, -ä 6/1a/64
verbinden 5/4e/57
verbringen 5/2a/55
verdienen 7/13a/81
Verkäufer, der, - 7/4a/76
Verkäuferin, die, -nen 7/4a/76
verstehen 7/13/81
viel 2/5a/20
viel/e 5/3a/56
Vielen Dank 5/13b/62
vielleicht 5/5a/58
Viertel vor/nach 4/2b/45
Vlog, das, -s 5/13b/62
Vloggen, das, - 4/11g/52
Vogel, der, -ö 3/1c/28
Volksschule, die, -n FK/1b/85
voll 6/2a/65
Volleyball (Sport) 5/12a/61
von 3/8a/33
von ... bis 4/4b/47
vor 2/15f/26
Vormittag, der, -e 4/9a/50
vormittags 4/9a/50
Vorname, der, -n 1/8a/13
vorne 6/7b/68
Vorwahl, die, -en 2/Projekt/23

W
wach 4/9a/50
wandern 6/7a/68
wann 4/4b/47
warum FK/1d/39
was 1/11a/15
Was ist denn hier los? 6/9b/69
Wecker, der, - 4/1a/44
Weihnachten, das, nur Sg. 7/11/80

weiß 3/11a/35
weiter FK/2b/87
welche FK/1d/39
welcher 4/8a/49
Welt, die, -en 6/4b/66
wer 1/3a/9
wichtig 5/5a/58
wie 1/5a/11
Wie alt ...? 3/6a/31
Wie bitte? 1/8a/13
Wie geht es Ihnen? 1/9a/13
Wie geht's? 1/9a/13
Wie schreibt man das? 1/7c/12
wie viel/viele 4/4b/47
Wie viel Uhr ist es? 4/1a/44
Wiese, die, -n FK/1e/39
Wildpferd, das, -e FK/1a/38
wir 2/2a/19
Wir hätten gern ... 7/2c/75
wirklich FK/2b/87
wissen, sie/er weiß 6/9b/69
wo 1/3a/9
Woche, die, -n 4/3b/46
Wochenende, das, -n 4/3b/46
woher 1/3a/9
wohnen 1/2a/9
Wolf, der, -ö-e 3/1c/28
Wort, das, -ö-er 3/11a/35
Wortkarte, die, -n 3/10a/34
Wunsch, der, -ü-e 7/10a/79
Wunschziel, das, -e K/1a/38
würfeln 3/5/31

Y
Yoga (Sport) 1/10a/14

Z
Zahl, die, -en FK/1a/84
zahlen 7/11/80
zeichnen 5/1a/54
zeigen 2/15f/26
Zeile, die, -n GP/1b/88
Zeit haben, sie/er hat Zeit 5/5a/58
Zeit, die, -en 4/1a/44
Zeitschrift, die, -en 7/1b/74
Zeitung, die, -en 7/1b/74
Zeugnis, das, -se FK/1b/84
Zimmer, das, - 6/9b/69
Zoo, der, -s FK/1e/39
zu 7/11/80
zu Hause 4/8a/49
zufrieden 7/13a/81
zum: zu dem 1/8a/13
zur Schule gehen 4/8a/49
zurückgeben, sie/er gibt zurück 7/4a/76
zusammen 2/5a/20
zusammenfassend GP/1c/88

Bildquellen

Cover: stock.adobe.com/Jacob Lund/Jacob; (Globus): mauritius images/Roland T. Frank; **S. 4** (Karte): Shutterstock.com/ AridOcean; (1): stock.adobe.com/Monkey Business/Monkey; (2): Shutterstock.com/Iakov Filimonov; (3): Shutterstock/AlohaHawaii; (4): stock.adobe.com/vectorfusionart; **S. 5** (5): Shutterstock.com/Iakov Filimonov; (6): stock.adobe.com/Rainer Berg/Westend61; (7): Cornelsen/Oliver Meibert; (Große Pause): stock.adobe.com/Monkey Business; (Fakten & Kurioses): mauritius images/Paul Mayall; **S. 6** (A): Shutterstock.com/SpeedKingz; (C): stock.adobe.com/Copyright(C)2000-2006 Adobe Systems, Inc. All Rights Reserved.; (Pokal): Shutterstock.com/ NeMaria; **S. 7** (E): mauritius images/alamy stock photo/Prostock-studio; (2C): stock.adobe.com/Jérôme Rommé/Jérôme; (Karte): stock.adobe.com/Copyright(C)2000-2006 Adobe Systems, Inc. All Rights Reserved.; (Länder): 2022; **S. 8** (A): stock.adobe.com/Monkey Business/Monkey; **S. 9** (Malika): Shutterstock.com/Vadym Pastukh; (Miquel): Shutterstock.com/A StockStudio; (José): Shutterstock.com/silverkblackstock; (Tischkarte): Cornelsen/Irina Zinner; **S. 10** (Würfel): stock.adobe.com/Copyright(C)2000-2006 Adobe Systems, Inc. All Rights Reserved.; (Karte): Cornelsen / Carlos Borrell Eiköter; (Emojis): Shutterstock.com/Jan Engel; (Emoji eilig): Shutterstock.com/Yayayoyo; (Schulklasse): Shutterstock.com/BearFotos; **S. 11** (links): stock.adobe.com/Photographee.eu; (rechts): stock.adobe.com/pressmaster; **S. 12** (Namensschlange): Cornelsen/Oliver Meibert; **S. 13** (Dialog 2+3): Shutterstock.com/VH-studio; (Frau Bauer): Shutterstock.com/Vadym Pastukh; (Dialog 1): stock.adobe.com/Valerii Honcharuk/Valerii; (Frau Schmidt): stock.adobe.com/contrastwerkstatt; (Emojis): Shutterstock.com/Yefym Turkin; **S. 14** (Tanzen): stock.adobe.com/master1305; (Surfen): stock.adobe.com/Olya/pavlovski; (Skaten): Shutterstock.com/Sergey Novikov; (Pop): Shutterstock.com/Stokkete; (Fußball): Shutterstock.com/Jacob Lund; (Yoga): Shutterstock.com/UfaBizPhoto; (Basketball): Shutterstock.com/alexkich; (Klassik): stock.adobe.com/Tom Merton/KOTO; (Rock): stock.adobe.com/LIGHTFIELD STUDIOS/LIGHTFIELD; **S. 15** (Basketball): Shutterstock.com/Brocreative; (Karoline): stock.adobe.com/п/rohappy; (Paul): Shutterstock.com/Fabio Principe; (Schülerchat-Bild): stock.adobe.com/© Franz Pfluegl Fotostudio Pfluegl; **S. 16** (Emil): Cornelsen/Drehkraft; (Lia): Cornelsen/Drehkraft; (East Side Gallery): Cornelsen/Drehkraft; (Maya): Cornelsen/Drehkraft; (Vlog-Bild): Cornelsen/Drehkraft; (Finja): Cornelsen/Drehkraft; (Brandenburger Tor): Cornelsen/Drehkraft; (Park am Gleisdreieck): Cornelsen/Drehkraft; **S. 18** (A): Shutterstock.com/Monkey Business Images; (B): stock.adobe.com/Maya Kruchancova; (C): stock.adobe.com/© Robert Kneschke/Robert Kneschke; (D): Shutterstock.com/wavebreakmedia; (E): stock.adobe.com/Lauritz Afflerbach/Racle Fotodesign; (F): Shutterstock.com/Undrey; (G): Shutterstock.com/YAKOBCHUK VIACHESLAV; (H): stock.adobe.com/Foto 2013 von www.Christian-Schwier.de/Christian Schwier; **S. 19** (Emilia & Leon): Shutterstock.com/Iakov Filimonov; **S. 20** (Schüler*innen): stock.adobe.com/Tatsiana Yatsevich/caftor; (Würfel): stock.adobe.com/Copyright(C)2000-2006 Adobe Systems, Inc. All Rights Reserved.; (roter Würfel): Shutterstock.com/andRiU92; **S. 21** (Yoga): stock.adobe.com/WavebreakmediaMicro; (Selfie): Shutterstock.com/Monkey Business Images; (Selma & Emilia): stock.adobe.com/pololia; (Moritz & Jona): Shutterstock.com/Robert Kneschke; (Tom, Nora & Lina): Shutterstock.com/VH-studio; **S. 22** (Gruppenfotos): Shutterstock.com/Syda Productions; **S. 23** (Verkehrsschild): Shutterstock.com/Hacki Hackisan; (Daumen): stock.adobe.com/Copyright(C)2000-2006 Adobe Systems, Inc. All Rights Reserved.; (Feuerwehr): stock.adobe.com/R. Rose/Ronny Rose/R.; **S. 24** (Bleistift): stock.adobe.com/boygostockphoto; (Radiergummi): stock.adobe.com/Copyright © 2017 Michael Burrell/pixelrobot; (Rucksack): stock.adobe.com/Msaxalin; (Füller): stock.adobe.com/koosen; (Buch): Shutterstock.com/Giulia Carletti; (Brotdose): stock.adobe.com/HandmadePictures; (Buntstifte): Shutterstock.com/sema srinouljan; (Spitzer): stock.adobe.com/Premat; (Schere): Shutterstock.com/MichaelJayBerlin; (Heft): stock.adobe.com/Björn Wylezich; (Sporttasche): stock.adobe.com/filins; (Lineal): Shutterstock.com/vitaliy_73; (Kuli): Shutterstock.com/IB Photography; (Schreibtisch-Hintergrund): stock.adobe.com/hanahal; **S. 26** (Schule): Shutterstock.com/SaMBa; (chillen): stock.adobe.com/StefanieB.; (Tischtennis): Shutterstock.com/Nomad_Soul; (Yoga): stock.adobe.com/VadimGuzhva; (Schülerband): Shutterstock.com/Brian Goodman; (Basketball): stock.adobe.com/Yarek Gora; (Emma & Max): Cornelsen/Drehkraft; (Emma): Cornelsen/Drehkraft; (Max): Cornelsen/Drehkraft; **S. 27** (Kuli): Shutterstock.com/IB Photography; **S. 28** (Wolf): Shutterstock.com/Holly Kuchera; (Seehundgehege): Seehundstation Norddeich; (Vogel): Shutterstock.com/Robert Adami; (Kuh): Shutterstock.com/Clara Bastian; (Pinguin): Shutterstock.com/Roger Clark ARPS BPE1; (Tiger): Shutterstock.com/Anne-Marie B; (Pferd): Shutterstock.com/Vasyl Syniuk; (Maus): Shutterstock.com/Rudmer Zwerver; (Seehund): Seehundstation Norddeich; (Katze): Shutterstock.com/Dora Zett; (Hund): Shutterstock.com/AlohaHawaii; (Aquarium): Shutterstock.com/FamVeld; **S. 29** (Karte): Shutterstock.com/Pyty; (Lama): Shutterstock.com/Aaron Amat; (Schmetterling): Shutterstock.com/3DMI; (Giraffe): Shutterstock.com/g_tech; (Pinguin): Shutterstock.com/bakabuka; (Känguru): Shutterstock.com/Bradley Blackburn; **S. 30** (Hund): Shutterstock.com/Jessica-McGovern; (Katze): Shutterstock.com/AlexanderDubrovsky; (Spinne): mauritius images/nature picture library; (Schildkröte): mauritius images/Minden Pictures; (Fisch): Shutterstock.com/ThomasLENNE; (Selina & Mika): Shutterstock.com/VaLiza; **S. 31** (Brille): Shutterstock.com/Rob Wilson; (Uhr): stock.adobe.com/Zeljko Radojko; (Tablet): Shutterstock.com/Aleks vF; (Laptop): Shutterstock.com/Jojje; (Rucksack): Shutterstock.com/everytime; (Maus): Shutterstock.com/Szasz-Fabian Jozsef; (Känguru): Shutterstock.com/Bradley Blackburn; (Vogel): Shutterstock.com/WildlifeWorld; (Katze): Shutterstock.com/5 second Studio; (Würfel): Shutterstock.com/Gearstd; (rote Würfel): stock.adobe.com/PaulPaladin; (Handy): Shutterstock.com/Oleksiy Mark; (Hund): Shutterstock.com/GPPets; (Koala): Shutterstock.com/Eric Isselee; (Kaninchen): Shutterstock.com/JIANG HONGYAN; (Papagei): Shutterstock.com/Super Prin; **S. 32** (Foxy springt): stock.adobe.com/Juha Saastamoinen/Juha; (Fox fängt): stock.adobe.com/Vera Reva/Vera; (Lena & Foxy): Shutterstock.com/Kuttelvaserova Stuchelova; **S. 33** (A): Shutterstock.com/Kolomiyets Viktoriya; (B): Shutterstock.com/Vyaseleva Elena; (C): stock.adobe.com/Johannes Menge/Johannes; **S. 35** (A): Shutterstock.com/alex_gor; (B): Shutterstock.com/Chiara Sakuwa; (C): Shutterstock.com/Puttachat Kumkrong; (D): Shutterstock.com/Glass and Nature; (Vogel): Shutterstock.com/lena_nikolaeva; (Spinne): Shutterstock.com/3Dillustrations; **S. 36** (Paula): Cornelsen/Drehkraft; (Emma): Cornelsen/Drehkraft; (Max): Cornelsen/Drehkraft; (Ben): Cornelsen/Drehkraft; (Vlog-Bild): Cornelsen/Drehkraft; **S. 38** (A): Shutterstock.com/Iwona Fijol; (B): stock.adobe.com/oldline2; (C): stock.adobe.com/Fotokon; (D): Shutterstock.com/Elena Loginova; (E): Shutterstock.com/Kit Leong; (F): stock.adobe.com/vencav; (Karte): Shutterstock.com/ AridOcean; **S. 39** (Kind): mauritius images/Roland T. Frank; (Pferde): Shutterstock.com/Scott E Read; (Emojis): Shutterstock.com/Yefym Turkin; **S. 40** (A): Shutterstock.com/sylv1rob1; (B): Deutsche Bahn AG / Wolfgang Klee; (C): Shutterstock.com/Tupungato; (D): ÖBB Railjet | Harald Eisenberger; (E): Shutterstock.com/canadastock; (F): SBB / SBB CFF FFS; (Autokennzeichen): Shutterstock.com/Stockwerk Denmark; (Wien): Shutterstock.com/Greens87; (Deutschland): Shutterstock.com/Sudarsan Thobias; (Berlin): Shutterstock.com/Yoko Design; (Bern): Shutterstock.com/ShustrikS; (Schweiz): Shutterstock.com/Sudarsan Thobias; (Österreich): Shutterstock.com/Sudarsan Thobias; **S. 41** (Verkehrsschilder): Shutterstock.com/Jojoo64; (Zebrastreifen Schweiz): Shutterstock.com/Anna Nahabed; (Zebrastreifen Deutschland): Shutterstock.com/Tsomka; (Euromünze Österreich): Shutterstock.com/SergeyIT; (Euromünze Deutschland): Shutterstock.com/Tony Baggett; **S. 42** (1-5): Shutterstock.com/Deman; (Hund): Shutterstock.com/K.-U. Haessler; (Krokodil): Shutterstock.com/Coral Brunner; (Giraffe): Shutterstock.com/Vladislav T. Jirousek; **S. 43** (Österreich): Shutterstock.com/Sparrowbh;

fünfundneunzig 95

Bildquellen

(Radiergummie): stock.adobe.com/Copyright © 2017 Michael Burrell/pixelrobot; (Taschenrechner): Shutterstock.com/Vitaly Korovin; (Uhr): stock.adobe.com/www.300dpi.ru; (Schere): Shutterstock.com/eNjoy iStyle; (Katze): Shutterstock.com/Africa Studio; (Hamburg): Shutterstock.com/SN-Photography; (Skater): Shutterstock.com/OSTILL is Franck Camhi; (Fußball): Shutterstock.com/FocusStocker; **S. 44** (A): stock.adobe.com/torwaiphoto; (B): stock.adobe.com/mdbildes; (C): Shutterstock.com/VH-studio; (D): stock.adobe.com/Elnur; (E): Shutterstock.com/Aaron_Weiss; (F): stock.adobe.com/Elnur; **S. 45** (Uhr): Shutterstock.com/Tiwat K; **S. 46** (Zeichnugnen): stock.adobe.com/Copyright(C)2000-2006 Adobe Systems, Inc. All Rights Reserved. (Leon & Charly): stock.adobe.com/contrastwerkstatt; (Leon): stock.adobe.com/contrastwerkstatt; (Meryem & Elin): stock.adobe.com/Robert Daly/Caia Image; **S. 48** (Lena): Shutterstock.com/byswat; (Fingerzeichen): stock.adobe.com/Copyright(C)2000-2006 Adobe Systems, Inc. All Rights Reserved.; (Schülerzeitung AG): Shutterstock.com/Mitrija; (Theater AG): Shutterstock.com/Elnur; (Fußball AG): Shutterstock.com/alexei_tm; (Chinesisch AG): Shutterstock.com/Pichaya Pureesrisak; (Ron): Shutterstock.com/carballo; **S. 49** (Ferit): Shutterstock.com/Syda Productions, **S. 50** (Lerche): stock.adobe.com/Antonioguillem; (Taube): stock.adobe.com/vectorfusionart; (Eule): Shutterstock.com/Alexxndr; (Vögel): Shutterstock.com/Svetlosila; (Tageszeiten): stock.adobe.com/Copyright(C)2000-2006 Adobe Systems, Inc. All Rights Reserved.; **S. 51** (Tageszeiten): stock.adobe.com/Copyright(C)2000-2006 Adobe Systems, Inc. All Rights Reserved.; **S. 52** (Marie): Cornelsen/Drehkraft; (Emma): Cornelsen/Drehkraft, **S. 53** (Fingerzeichen): stock.adobe.com/Copyright(C)2000-2006 Adobe Systems, Inc. All Rights Reserved.; (Tageszeiten): stock.adobe.com/Copyright(C)2000-2006 Adobe Systems, Inc. All Rights Reserved.; **S. 54** (A): Shutterstock.com/Iakov Filimonov; (B): stock.adobe.com/Gorodenkoff Productions OU/Gorodenkoff; (C): stock.adobe.com/Nadine Haase/www.nadine-haase-photography.de/Nadine; (D): stock.adobe.com/Copyright AllRightReserved mrzivica@gmail.com/kerkezz; (E): stock.adobe.com/Svitlana; (F): stock.adobe.com/DZiegler; **S. 55** (G): stock.adobe.com/Sensay; (H): stock.adobe.com/Sergey Novikov/Copyright: Sergey Novikov (serrnovik) ripicts.com/Sergey; (I): Shutterstock.com/koonsiri boonnak; (Gruppenfoto): Shutterstock.com/oneinchpunch; **S. 56** (Handy): stock.adobe.com/Copyright(C)2000-2006 Adobe Systems, Inc. All Rights Reserved.; (Gabriel): Shutterstock.com/Reeal Studio; (Maira): stock.adobe.com/alfa27; (Lukas): stock.adobe.com/Valua Vitaly/Valua; (Benisha): stock.adobe.com/H_Ko; **S. 58** (Schere): Shutterstock.com/MichaelJayBerlin; (Dario & Finn): Shutterstock.com/Irina Wilhauk; **S. 59** (Emojis): Shutterstock.com/SpicyTruffel; **S. 60** (A): stock.adobe.com/Syda Productions/lev dolgachov/Syda; (B): stock.adobe.com/Syda Productions/lev dolgachov/Syda; (C): Shutterstock.com/oneinchpunch; (D): Shutterstock.com/Juice Verve; (E): Shutterstock.com/Dean Drobot; (F): stock.adobe.com/Rawpixel Ltd./Rawpixel.com; **S. 61** (A): Shutterstock.com/Sergey Novikov; (B): Shutterstock.com/Sergey Novikov; (Emojis): Shutterstock.com/SpicyTruffel; **S. 62** (Vlog 00:59 min): Cornelsen/Drehkraft; (Vlog 2:28 min): Cornelsen/Drehkraft; (Clara): Cornelsen/Drehkraft; **S. 64** (A): Shutterstock.com/the stock company; (B): Shutterstock.com/Gutesa; (C): Shutterstock.com/the stock company; (Pins): Shutterstock.com/Picsfive; (Hintergrund): Shutterstock.com/h.yegho; **S. 65** (D): stock.adobe.com/JenkoAtaman; (E): Shutterstock.com/My Agency; (F): Shutterstock.com/Tatyana Vyc; (Pins): Shutterstock.com/Picsfive; **S. 66** (Pins): Shutterstock.com/Picsfive; (Sophia): Shutterstock.com/sanneberg; (Paul): Shutterstock.com/sanneberg; (Großeltern): Shutterstock.com/Marina Poushkina; (Cousine): Shutterstock.com/sakkmesterke; (Cousin): Shutterstock.com/AJR_photo; (Weltkarte): Shutterstock.com; (Onkel & Tante): Shutterstock.com/Mauricio Graiki; **S. 67** (Stadt): Shutterstock.com/Valenty; (Hund): Shutterstock.com/tetiana_u; (Haus): Shutterstock.com/Simple Line; (Erdkugel): Shutterstock.com/OneLineStock.com; (Paul): Shutterstock.com/VaLiza; **S. 68** (Picknick): stock.adobe.com/Rainer Berg/Westend61; (Wandern): stock.adobe.com/Hero Images; (Lagerfeuer): stock.adobe.com/Stocksy/Rob and Julia Campbell/Rob and Julia Campbell/Stocksy; **S. 69** (müdes Emoji): Shutterstock.com/indahp; (grinsendes Emoji): stock.adobe.com/Ivan Kopylov; (lächelndes Emoji): stock.adobe.com/Ivan Kopylov; (Ronjas Zimmer): Cornelsen, Sofa und Hintergrund: stock.adobe.com/Zarya Maxim/Zarya, Frau: stock.adobe.com/khosrork; **S. 70** (Sängerin): Shutterstock.com/HQuality; (Pilot): Shutterstock.com/Maksim Denisenko; (Fotograf): stock.adobe.com/Valerii; (Schauspielerin): stock.adobe.com/LIGHTFIELD STUDIOS/LIGHTFIELD; (Köchin): stock.adobe.com/goodluz; (Ingenieur): stock.adobe.com/Gorodenkoff Productions OU/Gorodenkoff; (Architektin): Shutterstock.com/Arturs Budkevics; (Erzieher): Shutterstock.com/wavebreakmedia; (Hausmann): Shutterstock.com/Halfpoint; **S. 71** (A): Shutterstock.com/Monkey Business Images; (B): Shutterstock.com/Africa Studio; (C): Shutterstock.com/SeventyFour; (D): Shutterstock.com/SeventyFour; (E): stock.adobe.com/nemanfoto@gmail.com/lordn; (F): stock.adobe.com/Copyright Jens Brueggemann aka Ikonoklast, Hamburg (Germany)/ikonoklast_hh; (G): Shutterstock.com/Tobias Arhelger; (H): stock.adobe.com/Svitlana; (I): stock.adobe.com/Stock Rocket; (J): stock.adobe.com/Budimir Jevtic; **S. 72** (Emma & Carla): Cornelsen/Drehkraft; **S. 74** (Zeitschriften): Shutterstock.com/Bohbeh; (Lisa & Thomas): Cornelsen/Oliver Meibert; (Kekse): Shutterstock.com/Alena_Kos; (Comics): Shutterstock.com/Ryan DeBerardinis; (Schokoriegel): Shutterstock.com/JRP Studio; (Chips): Shutterstock.com/Akarat Thongsatid; (Zeitungen): stock.adobe.com/svort; (Postkarten): stock.adobe.com/ingusk; (Eis): Shutterstock.com/Tina Bour; (Gummibärchen): Shutterstock.com/HandmadePictures; (Kaugummi): Shutterstock.com/Shvaygert Ekaterina; (Spätkauf): Cornelsen/Oliver Meibert; **S. 75** (Schokoriegel): Shutterstock.com/Africa Team; (Chips): Shutterstock.com/Reda.G; (Kaugummis): Shutterstock.com/Africa Team; **S. 76** (Postkarte "Urlaubsgrüße"): Shutterstock.com/PhotographyByMK; (Postkarte "Paris"): Shutterstock.com/Delpixel; (Schokoriegel): Shutterstock.com/PHIL LENOIR; (Kiosk): Cornelsen/Oliver Meibert; (Schokoriegel geteilt): Shutterstock.com/oksana2010; (blaues Heft): stock.adobe.com/Björn Wylezich; (gelbes Heft): Shutterstock.com/New Africa; (helle Kekse): Shutterstock.com/Spalnic; (Schokokekse): Shutterstock.com/Moving Moment; **S. 77** (Eis): Shutterstock.com/zizi_mentos; (Pommes): Shutterstock.com/natkacheva; (Pizza): Shutterstock.com/natkacheva; (Bleistift): Shutterstock.com/ddok; (Eistee): Shutterstock.com/natkacheva; **S. 78** (Roller): Shutterstock.com/Ljupco Smokovski; **S. 79** (Fahrrad): Shutterstock.com/Ovchinnkov Vladimir; **S. 80** (Jugendlicher): Shutterstock.com/Dejan Dundjerski; **S. 81** (Gruppenfoto): Shutterstock.com/oneinchpunch; (Emoji): Shutterstock.com/Yefym Turkin; **S. 82** (Zeitschriften): Shutterstock.com/Marine's; (Kekse): Shutterstock.com/max777; (Vlog): Cornelsen/Drehkraft; (Chips): Shutterstock.com/Artem Kutsenko; (Kaugummi): Shutterstock.com/Nor Gal; (Gummibärchen): Shutterstock.com/domnitsky; (Eis): Shutterstock.com/Alexander Raths; **S. 83** (Fingerzeichen): stock.adobe.com/Copyright(C)2000-2006 Adobe Systems, Inc. All Rights Reserved.; (Schere): Shutterstock.com/Slava_Kovtun, (Eis): Shutterstock.com/Nataliia Pyzhova, (gelbe Schere): Shutterstock.com/Zvyagintsev Sergey; (Kulis): Shutterstock.com/ddok; (Bechereis): Shutterstock.com/Alexander Raths; **S. 84** (Schweiz): Shutterstock.com/Pyty; (Zeugnis): Shutterstock.com/Ralf Geithe; (Unterricht): Shutterstock.com/Africa Studio; (Schweizer Nationalflagge): stock.adobe.com/PhotoSG; (Emojis): Shutterstock.com/SpicyTruffel; **S. 85** (Deutschland): Shutterstock.com; (österreichische Schüler*innen): Shutterstock.com/VH-studio; (deutsche Schüler*innen): Shutterstock.com/MintImages; (Matura): Shutterstock.com/daily_creativity; **S. 86** (Filmdreh): Shutterstock.com/Maria Symchych; (A): Shutterstock.com/Rainer Lesniewski; (B): Shutterstock.com/KostiantynL; (C): Shutterstock.com/Rainer Lesniewski; **S. 87** (Schule): Schule Hiddensee; (Bertha von Suttner): stock.adobe.com/Lukas; (Gymnasium Liechtenstein): Liechtensteinisches Gymnasium/Paul Trummer; **S. 88** (Fußballteam): stock.adobe.com/Monkey Business, **S. 89** (Kulli): Shutterstock.com/IB Photography, U3 (Landkarte): Cornelsen/Carlos Borrell Eiköter